フェイバリット　英単語・熟語〈テーマ別〉

コーパス
1800

中学〜高校英語教科書対応
CEFR参照レベル　A1　A2　B1　B2

東京外国語大学
投野由紀夫 監修

東京書籍

はしがき

Hello, everyone!

『ファイバリット英単語・熟語〈テーマ別〉コーパス1800 3 rd Edition』へようこそ！ この単語集は，2020年からの新学習指導要領に基づいて行われる新しい英語教育を見据えて，好評頂いていた旧版を全面リニューアルしたものです．その特長は以下の4つのポイントにあります．

ポイント1：国際標準 CEFR に準拠

外国語教育で世界標準となりつつある「ヨーロッパ言語共通参照枠（CEFR）」．日本でも，大学入試における4技能試験が CEFR レベル判定で行われます．『コーパス1800』はその CEFR レベルに完全対応．CEFR の単語レベルを明示しました．この『コーパス1800』はほぼ A 2レベルまでカバーしています．易しいレベルからスタートするので，着実に無理なく単語を増やすことができます．A 2レベルの基本2000語で，話し言葉の約9割をカバーすることができます．『コーパス1800』を用いれば，スピーキングに必要な単語力を身につけることができます．

ポイント2：充実した「チャンク」情報

『コーパス1800』では見出し語とその意味だけでなく，その語のよく使われる形である「チャンク」を載せています．「チャンク」は，英語を話したり書いたりするときに使うことができます．単語を「チャンク」として，ほかの単語とセットで覚えることで，4技能試験，特にスピーキング試験に対応するために必要な，実践的な単語力が習得できます．

ポイント3：Three-Step Building 方式を採用

単語の最も大切な意味を確実に覚えられるよう，「1．意味」→「2．チャンク」→「3．例文」の流れで学習する Three-Step Building 方式を採用しました．単語を1つ1つしっかり身につければ，英語力全体の向上につながります．

ポイント4：信頼のあつい「コーパス」情報

書名にもなっている「コーパス（corpus）」とは，大規模言語データベースです．『コーパス1800』は，このデータベースを用いて作られています．コーパスによる使用頻度と用法の高度な分析に基づいていることが，この単語集が多くの学校から支持されている理由です．A 2レベルの基本2000語は active vocabulary（発信語彙（š））として使えるように，3000語レベルから先の passive vocabulary（受信語彙）は数多く覚える，というアプローチは今回も不変です．この『コーパス1800』の後はぜひシリーズ本の『コーパス3000』で語彙の拡大を目指してください．

このような特長をもった『コーパス1800』を使えば，4技能試験に対応できる高度な英語力が身につきます．いつも手もとに置いて，同じ単語を最低5回は復習しましょう．音声を聞いて，繰り返し暗唱しましょう．覚えた単語やチャンクを授業中にどんどん話したり書いたりしましょう．きっとこの単語集の素晴らしさがわかるはずです．

Good luck!

東京外国語大学教授　投野由紀夫

目 次

本書の特長と使い方

【全体構成】

本書は5つのSTAGEで構成されています．各STAGEは見開き2ページを1単位とするLESSONと，後述する特設ページにより構成されています．

【STAGE_LESSON】

1. 見出し語句

中学校と高校の英語教科書の英文をデータベース化し（このようなデータベースを「コーパス」と呼びます），それを基に，中学英語から高校英語に必要とされる，「1800語レベル」の単語と熟語を厳選しました．

＊教科書コーパスに加えて，世界最大規模（約1億語）の言語データベースBNC（British National Corpus）も用いることにより，内容の精度を高めました．

［内訳と数］

見出し(熟)語 972項目／関連語・対義語 233項目／
特設ページで学ぶ語句 565項目　　**計 1770項目**

2. テーマ・平均単語レベル

記憶に残りやすいよう，単語をテーマ別に収録しました．単語の収録順については難易度にも配慮しました．平均して，STAGE 1では「中学標準」，STAGE 2-3では「高校基礎」，STAGE 4-5では「高校標準」レベルの語句を学習します．STAGE 1からSTAGE 5まで，段階的に1800語レベルの語彙(ごい)が習得できる構成になっています．

3. 見出し語のCEFR参照レベル＊

A 1からB 2まで，4つのレベルがあります．A 1は小学校～中学1年程度，A 2は中学2年～高校1年程度，B 1は高校2年～大学受験レベル，B 2は大学受験～大学教養レベルです．

＊『CEFR-J Wordlist Version 1.5』東京外国語大学投野由紀夫研究室．
(URL: http://www.cefr-j.org/download.html#cefrj_wordlist より2019年5月ダウンロード)

4. 重要構文

英単語の中には，意味を知るだけでは不十分なものがあります．そのような単語は，意味だけ知っていても，**その語が文中で使われている「構文」がわからなければ，英文の構造と内容を正確に読み取ることはできません．**本書では，コーパスを駆使してそれらを抽出し，➡で示しました．

5. チャンク
単語は単体でバラバラに覚えるよりも，ほかの単語といっしょにフレーズとして覚えたほうが記憶に残りやすいといわれています．本書では単語のよく使われるフレーズを「チャンク」として取り上げ，チャンク マークを付けました．チャンクとは「かたまり」という意味です．

6．熟語表現
各 STAGE の LESSON 5，10，15 では，基礎的な単語が使われている熟語を学びます．単語としては意味を知っているものも多いかもしれませんが，熟語になると意外な意味を持つものばかりです．しっかり学習しましょう．

7. Three-Step Building 方式
それぞれの単語の最も大切な意味を確実に覚えられるよう，本書では「Three-Step Building 方式」を採用しました．「意味」→「チャンク」→「例文」と3つのステップを経ることで，単語を確実に自分のものにすることができます．

【特設ページ】
さまざまな場面で役立つ 565 項目を学習します．見出し番号に S（supplementary「補足の」）をつけて，LESSON の見出し語句と区別しています．

1. PRE-STAGE
イラストとともに，身近なトピックに関する語句を学習します．

2. 基本単語コーパス道場
基本単語のよく使われる形を学習します．

3. A Day in English
高校生の1日を英語でたどります．

4. イラストで覚える英単語
さまざまなテーマの語句をイラストを用いて学習します．

【発音表記】
見出し語の発音は，国際音標文字を用いた発音記号と仮名表記で示しました（p. 7 の「発音記号と仮名表記」参照）．

【赤フィルター】
単語を覚えるときの助けとなるよう，付属の赤フィルターを使って，繰り返し学習してください．

主な記号

( )	語義の補足説明・省略可能な文字情報・伴われることの多い前置詞などの語
〈 〉	動詞の主語・目的語，前置詞の目的語，形容詞の被修飾語などになる可能性の高い語
[ ]	発音記号と仮名表記・言い換え表現
発音	発音に注意すべき語
アクセント	アクセントの位置に注意すべき語
過去	不規則動詞の過去形
過分	不規則動詞の過去分詞
過去・過分	不規則動詞の過去形・過去分詞
比較	不規則変化する形容詞・副詞の比較級
最上	不規則変化する形容詞・副詞の最上級
複数	不規則変化する名詞の複数形
☞	重要構文
◆	語法注記・参考情報
関連	派生関係にある語句や意味上関連のある語句
対義	対になる意味をもつ語句
直	直訳した表現
×	正しくない表現
道場	コーパス道場の掲載ページ
間	間投詞	形	形容詞
助	助動詞	接	接続詞
前	前置詞	代	代名詞
動	動詞	副	副詞
名	名詞		

発音記号と仮名表記

●母音

発音記号	仮名表記	例	発音記号	仮名表記	例
[iː]	[イー]	**eat** [íːt｜イート]	[ʌ]	[ア]	**up** [ʌ́p｜アップ]
[i]	[イ]	**it** [ít｜イット]	[ɑː]	[アー]	**calm** [kɑ́ːm｜カーム]
	[エ]	**village** [vílidʒ｜ヴィれッヂ]	[ɑːr]	[アー]	**car** [kɑ́ːr｜カー]
			[ɑ]	[ア]	**fog** [fɑ́g｜ふァッグ]
[e]	[エ]	**every** [évri｜エヴリ]	[uː]	[ウー]	**noon** [núːn｜ヌーン]
[æ]	[あ]	**apple** [ǽpl｜あプる]	[u]	[ウ]	**look** [lúk｜るック]
[ə]	[ア]	**about** [əbáut｜アバウト]	[ɔː]	[オー]	**all** [ɔ́ːl｜オーる]
	[イ]	**animal** [ǽnəml｜あニムる]	[ɔːr]	[オー]	**form** [fɔ́ːrm｜ふォーム]
	[ウ]	**today** [tədéi｜トゥデイ]	[ei]	[エイ]	**aim** [éim｜エイム]
	[エ]	**absent** [ǽbsənt｜あブセント]	[ai]	[アイ]	**I** [ái｜アイ]
	[オ]	**collect** [kəlékt｜コれクト]	[ɔi]	[オイ]	**oil** [ɔ́il｜オイる]
[ər]	[ア]	**letter** [létər｜れタ]	[au]	[アウ]	**out** [áut｜アウト]
[əːr]	[ア〜]	**early** [ɔ́ːrli｜ア〜り]	[iər]	[イア]	**ear** [íər｜イア]
			[eər]	[エア]	**air** [éər｜エア]
			[uər]	[ウア]	**your** [júər｜ユア]
			[ou]	[オウ]	**old** [óuld｜オウるド]

●子音

発音記号	仮名表記	例	発音記号	仮名表記	例
[p]	[プ]	**play** [pléi｜プれイ]	[ʃ]	[シ]	**ash** [ǽʃ｜アッシ]
[b]	[ブ]	**book** [búk｜ブック]	[ʒ]	[ジ]	**usually** [júːʒuəli｜ユージュアり]
[t]	[ト]	**hat** [hǽt｜ハぁット]			
	[トゥ]	**try** [trái｜トゥライ]	[h]	[ハ]	**hand** [hǽnd｜ハぁンド]
[d]	[ド]	**bed** [béd｜ベッド]	[m]	[マ]	**man** [mǽn｜マぁン]
	[ドゥ]	**dry** [drái｜ドゥライ]		[ン]	**stamp** [stǽmp｜スタぁンプ]
[k]	[ク]	**clear** [klíər｜クりア]			
[g]	[グ]	**grill** [gríl｜グリる]	[n]	[ナ]	**nice** [náis｜ナイス]
[tʃ]	[チ]	**teach** [tíːtʃ｜ティーチ]		[ン]	**pen** [pén｜ペン]
[dʒ]	[ヂ]	**age** [éidʒ｜エイヂ]	[ŋ]	[ング]	**king** [kíŋ｜キング]
[ts]	[ツ]	**hats** [hǽts｜ハぁッツ]		[ン]	**finger** [fíŋgər｜ふィンガ]
[dz]	[ヅ]	**beds** [bédz｜ベッヅ]			
[f]	[ふ]	**life** [láif｜らいふ]	[l]	[ら]	**love** [lʌ́v｜らヴ]
[v]	[ヴ]	**live** [lív｜りヴ]	[r]	[ラ]	**right** [ráit｜ライト]
[θ]	[す]	**cloth** [klɔ́(ː)θ｜クろ(ー)す]	[j]	[イ]	**yes** [jés｜イェス]
[ð]	[ず]	**with** [wíð｜ウィず]		[ユ]	**you** [júː｜ユー]
[s]	[ス]	**sky** [skái｜スカイ]	[w]	[ワ]	**one** [wʌ́n｜ワン]
[z]	[ズ]	**is** [íz｜イズ]		[ウ]	**wall** [wɔ́ːl｜ウォーる]

＊発音記号では，最も強く発音する部分に第1アクセント(´)が，その次に強く発音する部分に第2アクセント(ˋ)が付いています．仮名表記では第1アクセントのある箇所を太字にしました．

＊日本語にはない発音を特に平仮名で示しました．

7

覚えておきたい接頭辞

接頭辞	意味と例
a-	「…(の状態)に」 sleep（睡眠） → **a**sleep（眠って）
bi-	「2」「2つ」 **bi**cycle（自転車，2輪車）
bio-	「生命」**bio**logy（生物学）
co-, com-	「いっしょに」「共同」 **co**operation（協力） **com**pany（会社）
de-	「下降」**de**crease（減る）
dis-	「否定」「反対」 appear（現れる） → **dis**appear（姿を消す）
en-	「…(の状態)にする」 rich（豊富な） → **en**rich（豊かにする）
ex-	「外」「外側」 **ex**port（輸出する）
extra-	「…(の範囲)外の」 「…以外の」 ordinary（ふつうの） → **extra**ordinary （並みはずれた）
il-, im-, in-	「否定」「反対」 legal（合法的な） → **il**legal（違法な） possible（可能な） → **im**possible（不可能な） correct（正しい） → **in**correct（不正確な）
im-, in-	「中に[へ]」 **im**port（輸入する） **in**put（入力）
inter-	「…間の」 national（国家の） → **inter**national （国家間の）
mid-	「中の」「中間の」 **mid**summer（真夏） **mid**night（(真)夜中）

接頭辞	意味と例
mis-	「誤り」「悪い」 calculate（計算する） → **mis**calculate （計算を誤る） fortune（運） → **mis**fortune（不運）
multi-	「多くの」「多数の」 **multi**cultural（多文化の）
non-	「否定」 sense（正気） → **non**sense （ばかげたこと）
out-	「外」「外側」 **out**door（屋外の） **out**put（出力）
pre-	「前の」 **pre**war（戦前の） **pre**school（就学前の）
re-	「再び」「…し直す」 turn（回る） → **re**turn（戻る）
sub-	「下」「副」「細分」 **sub**way（地下鉄） **sub**title（副題）
trans-	「移動」「横断」 **trans**port（輸送する） **trans**plant（移植）
un-	「否定」「反対」 happy（幸福な） → **un**happy（不幸な） lock（錠を下ろす） → **un**lock（錠をあける）

覚えておきたい接尾辞

接尾辞	意味と例
-able	「…できる」「…の性質の」 believ**able**（信じられる） comfort**able**（心地よい）
-ee	「…される人」 employ（雇う） → employ**ee**（従業員）
-en	「…化する」「…にする」 weak（弱い） → weak**en**（弱める）
-er	「…する人[物]」 write（書く） → writ**er**（作家）
-ful	「…の1杯（の量）」 spoon（スプーン） → spoon**ful**（スプーン1杯）
-ful	「…がいっぱいの」 color（色） → color**ful**（色とりどりの）
-hood	「性質」「状態」 neighbor（隣人） → neighbor**hood**（近所）
-ic, -ical	「…に関する」「…的な」 science（科学） → scientif**ic**（科学的な） medicine（薬） → med**ical**（医学の）
-ics	「…学」「…論」 economy（経済） → econom**ics**（経済学）
-(i)fy	「…化する」「…にする」 class（等級） → class**ify**（分類する）
-ion	「動作」「状態」 create（創造する） → creat**ion**（創造）
-ism	「主義」 capital**ism**（資本主義）
-ist	「…の専門家」 piano（ピアノ） → pian**ist**（ピアニスト）

接尾辞	意味と例
-ive	「性質」「状態」 act（行動する） → act**ive**（行動的な）
-ize	「…化する」「…(に)する」 western（西洋の） → western**ize**（西洋化する）
-less	「…がない」「…できない」 care（注意） → care**less**（不注意な） count（数える） → count**less**（数えきれない）
-like	「性質」「状態」 business（商売） → business**like**（事務的な）
-ly	形容詞に付けて副詞を作る quick（速い） → quick**ly**（速く） free（自由な） → free**ly**（自由に）
-ment	「結果」「動作」 agree（同意する） → agree**ment**（同意）
-ness	「性質」「状態」 kind（親切な） → kind**ness**（親切）
-or	「…する人[物]」 act（演ずる） → act**or**（俳優）
-ship	「状態」「資格」「能力」 friend（友人） → friend**ship**（友情）
-ward(s)	「…の方へ[の]」 back（後ろ） → back**ward**（後方へ[の]）
-y	「性質」「状態」 dust（ほこり） → dust**y**（ほこりっぽい）

人称代名詞

			～は	～の	～を	～のもの
単数	1人称	私	**I** [ái] [アイ]	**my** [mái] [マイ]	**me** [mí:] [ミー]	**mine** [máin] [マイン]
	2人称	あなた	**you** [jú:] [ユー]	**your** [júər] [ユア]	**you** [jú:] [ユー]	**yours** [júərz] [ユアズ]
	3人称	彼	**he** [hí:] [ヒー]	**his** [híz] [ヒズ]	**him** [hím] [ヒム]	**his** [híz] [ヒズ]
		彼女	**she** [ʃí:] [シー]	**her** [hə́:r] [ハ～]	**her** [hə́:r] [ハ～]	**hers** [hə́:rz] [ハ～ズ]
		それ	**it** [ít] [イット]	**its** [íts] [イッツ]	**it** [ít] [イット]	－
複数	1人称	私たち	**we** [wí:] [ウィー]	**our** [áuər] [アウア]	**us** [ʌ́s] [アス]	**ours** [áuərz] [アウアズ]
	2人称	あなたたち	**you** [jú:] [ユー]	**your** [júər] [ユア]	**you** [jú:] [ユー]	**yours** [júərz] [ユアズ]
	3人称	彼ら 彼女ら それら	**they** [ðéi] [ゼイ]	**their** [ðéər] [ゼア]	**them** [ðém] [ゼム]	**theirs** [ðéərz] [ゼアズ]

PRE-STAGE

PRE-STAGE ではイラストを使って，家族やスポーツな
ど身近なトピックの単語を学習します．これらの単語を
しっかり習得して，今後の英語学習に弾みをつけましょう．

家族

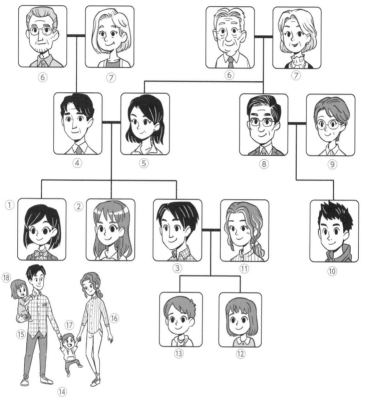

S1 ① **I** 　　　　代 私
　☑ [ái | **アイ**]

S2 ② **sister** 　　名 姉[妹]
　☑ [sístər | **スィ**スタ]

S3 ③ **brother** 　　名 兄[弟]
　☑ [brʌ́ðər | **ブラ**ざ]

S4 ④ **father** 　　名 父
　☑ [fáːðər | **ふァ**ーざ]

S5 ⑤ **mother** 　　名 母
　☑ [mʌ́ðər | **マ**ざ]

S6 ⑥ **grandfather** 名 祖父
　☑ [grǽndfàːðər | **グラ**ぁン(ド)ふァーざ]

S7 ⑦ **grandmother** 名 祖母
　☑ [grǽndmÀðər | **グラ**ぁン(ド)マざ]

S8 ⑧ **uncle** 　　名 おじ
　☑ [ʌ́ŋkl | **ア**ンクる]

PRE-STAGE

S9 ⑨ aunt 名 おば
☑ [ǽnt | **ア**ント]

S14 ⑭ family 名 家族
☑ [fǽməli | **ふぁ**ミリ]

S10 ⑩ cousin 名 いとこ
☑ [kʌ́zn | **カ**ズン]

S15 ⑮ husband 名 夫
☑ [hʌ́zbənd | **ハ**ズバンド]

S11 ⑪ sister-in-law 名 義理の姉
☑ [sístərinlɔ̀ː | **スイ**スタインロー]

S16 ⑯ wife 名 妻
☑ [wáif | **ワイ**ふ]

S12 ⑫ niece 名 めい
☑ [níːs | **ニー**ス]

S17 ⑰ son 名 息子
☑ [sʌ́n | **サ**ン]

S13 ⑬ nephew 名 おい
☑ [néfju | **ネ**ふュー]

S18 ⑱ daughter 名 娘
☑ [dɔ́ːtər | **ドー**タ]

時間

①

②

③

S19 ① morning 名 朝, 午前
☑ [mɔ́ːrniŋ | **モー**ニンッ]

S24 ☑ midnight 名 真夜中
[mídnàit | **ミ**ッドナイト]

S20 ② noon 名 正午
☑ [núːn | **ヌー**ン]

S25 ☑ today 副 きょう(は)
[tədéi | トゥ**デイ**]

S21 ☑ afternoon 名 午後
[æftərnúːn | あふた**ヌー**ン]

S26 ☑ tomorrow 副 あした(は)
[təmárou | トゥ**マ**ロウ]

S22 ☑ evening 名 夕方, 晩
[íːvniŋ | **イー**ヴニンッ]

S27 ☑ yesterday 副 きのう(は)
[jéstərdèi | **イエ**スタデイ]

S23 ③ night 名 夜
☑ [náit | **ナ**イト]

月

S28 ① **January** 名 1 月
☑ [dʒǽnjuèri	**ヂ**ぁ ニュ エ リ]

S29 ② **February** 名 2 月
☑ [fébruèri	**ふ** ェ ブ ル エ リ]

S30 ③ **March** 名 3 月
☑ [má:rtʃ	**マ**ー チ]

S31 ④ **April** 名 4 月
☑ [éiprəl	**エ** イ プ リ る]

S32 ⑤ **May** 名 5 月
☑ [méi	**メ** イ]

S33 ⑥ **June** 名 6 月
☑ [dʒú:n	**ヂ**ュー ン]

S34 ⑦ **July** 名 7 月
☐ [dʒulái	ヂュ**ら** イ]

S35 ⑧ **August** 名 8 月
☐ [ɔ́:gəst	**オ**ー ガ ス ト]

S36 ⑨ **September** 名 9 月
☐ [septémbər	セ プ **テ** ン バ]

S37 ⑩ **October** 名 10 月
☐ [ɑktóubər	ア ク **ト** ウ バ]

S38 ⑪ **November** 名 11 月
☑ [nouvémbər	ノ ウ **ヴェ** ン バ]

S39 ⑫ **December** 名 12 月
☑ [disémbər	ディ **セ** ン バ]

曜日

PRE-STAGE

① ② ③ ④ ⑤ ⑥ ⑦

S40 ☐ ① **Monday**　　名 月曜日
[mʌ́ndèi | **マ**ンデイ]

S41 ☐ ② **Tuesday**　　名 火曜日
[tjúːzdèi | **テュ**ーズデイ]

S42 ☐ ③ **Wednesday** 名 水曜日
[wénzdèi | **ウェ**ンズデイ]

S43 ☐ ④ **Thursday**　　名 木曜日
[θə́ːrzdèi | **さ**～ズデイ]

S44 ☐ ⑤ **Friday**　　名 金曜日
[fráidèi | **ふ**ライデイ]

S45 ☐ ⑥ **Saturday**　　名 土曜日
[sǽtərdèi | **サ**ぁタデイ]

S46 ☐ ⑦ **Sunday**　　名 日曜日
[sʌ́ndèi | **サ**ンデイ]

季節

S47 ① **spring**　　名 春
☐ [spríŋ | ス**プ**リング]

S48 ② **summer**　　名 夏
☐ [sʌ́mər | **サ**マ]

S49 ③ **fall**¹　　名 秋
☐ [fɔ́ːl | **ふォ**ーる] (◆ autumn ともいう)

S50 ④ **winter**　　名 冬
☐ [wíntər | **ウィ**ンタ]

15

天気

S51 ① **sunny** □ [sʌ́ni | **サ**ニ]	形 晴れた	S57 ⑦ **chilly** □ [tʃíli | **チ**り]	形 肌寒い
S52 ② **rainy** □ [réini | **レ**イニ]	形 雨の	S58 ⑧ **tornado** □ [tɔːrnéidou | トー**ネ**イドゥ]	名 竜巻
S53 ③ **snowy** □ [snóui | ス**ノ**ウイ]	形 雪の	S59 ⑨ **stormy** □ [stɔ́ːrmi | ス**トー**ミ]	形 あらしの
S54 ④ **cloudy** □ [kláudi | ク**ら**ウディ]	形 曇った	S60 ⑩ **humid** □ [hjúːmid | **ヒュー**ミッド]	形 湿気の多い
S55 ⑤ **windy** □ [wíndi | **ウィ**ンディ]	形 風の強い	S61 ⑪ **foggy** □ [fɑ́gi | **ふ**ァギ]	形 霧のかかった
S56 ⑥ **thunder** □ [θʌ́ndər | **さ**ンダ]	名 雷鳴	S62 ⑫ **heat wave** □ [híːt wèiv | **ヒー**ト **ウェ**イブ]	名 猛暑

動物

S63 ① **bear**
☑ [béər | ベア]
名 クマ

S64 ② **sheep**
☑ [ʃíːp | シープ]
名 羊

S65 ③ **monkey**
☑ [mʌ́ŋki | マンキ]
名 サル

S66 ④ **fox**
☑ [fάks | ふァックス]
名 キツネ

S67 ⑤ **cat**
☑ [kǽt | キぁット]
名 猫

S68 ⑥ **lion**
☑ [láiən | らイアン]
名 ライオン

S69 ⑦ **rabbit**
☑ [rǽbit | ラぁビット]
名 ウサギ

S70 ⑧ **tiger**
☑ [táigər | タイガ]
名 トラ

S71 ⑨ **wolf**
☑ [wúlf | うるふ]
名 オオカミ

S72 ⑩ **giraffe**
☑ [dʒərǽf | ヂラぁふ]
名 キリン

S73 ⑪ **dog**
☑ [dɔ́ːg | ドーグ]
名 犬

S74 ⑫ **horse**
☑ [hɔ́ːrs | ホース]
名 馬

S75 ⑬ **duck**
☑ [dʌ́k | ダック]
名 アヒル

S76 ⑭ **cow**
☑ [káu | カウ]
名 牛

S77 ⑮ **pig**
☑ [píg | ピッグ]
名 豚

ファッション

S78 ① **belt** 名 ベルト
[bélt | **べ**ルト]

S79 ② **bracelet** 名 ブレスレット
[bréislit | ブ**レ**イスれット]

S80 ③ **cap** 名 (縁のない)帽子
[kǽp | **キ**ャップ]

S81 ④ **cardigan** 名 カーディガン
[káːrdigən | **カ**ーディガン]

S82 ⑤ **boots** 名 ブーツ
[búːts | **ブ**ーツ]

S83 ⑥ **dress** 名 ワンピース
[drés | ド゜**レ**ス]

S84 ⑦ **hat** 名 (縁のある)帽子
[hǽt | **ハ**ぁット]

S85 ⑧ **jeans** 名 ジーンズ
[dʒíːnz | **ヂ**ーンズ]

S86 ⑨ **pumps** 名 パンプス
[pʌ́mps | **パ**ンプス]

S87 ⑩ **necklace** 名 ネックレス
[nékləs | **ネ**ックれス]

S88 ⑪ **purse** 名 ハンドバッグ
[páːrs | **パ**ース]

S89 ⑫ **rucksack** 名 リュックサック
[rʌ́ksæk | **ラ**ックサぁック]

S90 ⑬ **shirt** 名 シャツ
[ʃə́ːrt | **シャ**〜ト]

S91 ⑭ **sneakers** 名 スニーカー
[sníːkərz | ス**ニ**ーカズ]

S92 ⑮ **socks** 名 靴下
[sáks | **サ**ックス]

S93 ⑯ **pants** 名 パンツ
[pǽnts | **パ**ぁンツ]

S94 ⑰ **shawl** 名 ショール
[ʃɔ́ːl | **ショ**ーる]

S95 ⑱ **hair ornament** 名 髪飾り
[héər ɔ́ːrnəmənt | **ヘ**ア オーナメント]

S96 ⑲ **tuxedo** 名 タキシード
[tʌksíːdou | タク**スィ**ードゥ]

S97 ⑳ **bow tie** 名 蝶ネクタイ
[bóu tái | **ボ**ウ **タ**イ]

S98 ㉑ **bouquet** 名 花束
[boukéi | ボウ**ケ**イ]

S99 ㉒ **pocket handkerchief**
[pákit hǽŋkərtʃif | **パ**ケット **ハ**ぁンカチふ]
名 ポケットチーフ

S100 ㉓ **leather shoes** 名 革靴
[léðər ʃùːz | **れ**ざ シューズ]

S101 ㉔ **glasses** 名 眼鏡
[glǽsiz | **グ**らぁスィズ]

野菜・果物

S102 ① **apple** 名 リンゴ
☑ [ǽpl | **ア**プる]

S103 ② **carrot** 名 ニンジン
☑ [kǽrət | **キぁ**ロット]

S104 ③ **banana** 名 バナナ
☑ [bənǽnə | バ**ナ**ぁナ]

S105 ④ **lemon** 名 レモン
☑ [lémən | **れ**モン]

S106 ⑤ **onion** 名 タマネギ
☑ [ʌ́njən | **ア**ニョン]

S107 ⑥ **orange** 名 オレンジ
☑ [ɔ́:rindʒ | **オ**ーレンヂ]

S108 ⑦ **peach** 名 桃
☑ [píːtʃ | **ピ**ーチ]

S109 ⑧ **cucumber** 名 キュウリ
☑ [kjúːkʌmbər | **キュー**カンバ]

S110 ⑨ **potato** 名 ジャガイモ
☑ [pətéitou | ポ**テ**イトウ]

S111 ⑩ **strawberry** 名 イチゴ
☑ [strɔ́:bèri | ストゥ**ロ**ーベリ]

S112 ⑪ **tomato** 名 トマト
☑ [təméitou | ト**メ**イトウ]

S113 ⑫ **pumpkin** 名 カボチャ
☑ [pʌ́mpkin | **パ**ンプキン]

S114 ⑬ **spinach** 名 ホウレンソウ
☑ [spínitʃ | ス**ピ**ニッチ]

S115 ⑭ **watermelon** 名 スイカ
☑ [wɔ́:tərmèlən | **ウォ**ータメロン]

S116 ⑮ **eggplant** 名 ナス
☑ [égplæ̀nt | **エ**ッグプらぁント]

食べ物・飲み物

S117 ① **bread** 名 パン
☑ [bréd | ブレッド]

S118 ② **ham** 名 ハム
☑ [hǽm | ハぁム]

S119 ③ **hamburger** 名 ハンバーガー
☑ [hǽmbə:rgər | ハぁンバ〜ガ]

S120 ④ **cookie** 名 クッキー
☑ [kúki | クキ]

S121 ⑤ **cake** 名 ケーキ
☑ [kéik | ケイク]

S122 ⑥ **milk** 名 牛乳
☑ [mílk | ミるク]

S123 ⑦ **juice** 名 ジュース
☑ [dʒúːs | ヂュース]

S124 ⑧ **spaghetti** 名 スパゲッティ
☑ [spəgéti | スパゲティ]

S125 ⑨ **coffee** 名 コーヒー
☑ [kɔ́ːfi | コーふぃ]

S126 ⑩ **pizza** 名 ピザ
☑ [píːtsə | ピーツァ]

S127 ⑪ **chocolate** 名 チョコレート
☑ [tʃɔ́ːkəlit | チョーコれット]

S128 ⑫ **steak** 名 ステーキ
☑ [stéik | ステイク]

S129 ⑬ **tea** 名 紅茶
☑ [tíː | ティー]

S130 ⑭ **salad** 名 サラダ
☑ [sǽləd | サぁらッド]

S131 ⑮ **sandwich** 名 サンドイッチ
☑ [sǽndwitʃ | サぁン(ド)ウィッチ]

21

スポーツ

S132 ① **badminton** 名 バドミントン ☐ [bǽdmintən｜**バ**ぁドミントン]	S138 ⑦ **softball** 名 ソフトボール ☐ [sɔ́(:)ftbɔ̀:l｜**ソ**(ー)ふトボール]
S133 ② **baseball** 名 野球 ☐ [béisbɔ̀:l｜**ベ**イスボール]	S139 ⑧ **swimming** 名 水泳 ☐ [swímiŋ｜ス**ウィ**ミンッ]
S134 ③ **basketball** 名 バスケットボール ☐ [bǽskitbɔ̀:l｜**バ**ぁスケットボール]	S140 ⑨ **table tennis** 名 卓球 ☐ [téibl tènis｜**テ**イブる テニス]
S135 ④ **handball** 名 ハンドボール ☐ [hǽndbɔ̀:l｜**ハ**ぁン(ド)ボール]	S141 ⑩ **tennis** 名 テニス ☐ [ténis｜**テ**ニス]
S136 ⑤ **rugby** 名 ラグビー ☐ [rʌ́gbi｜**ラ**グビ]	S142 ⑪ **track and field** 名 陸上競技 ☐ [trǽk ænd fíːld｜トゥ**ラ**ぁック あンド **ふィ**ーるド]
S137 ⑥ **soccer** 名 サッカー ☐ [sákər｜**サ**カ]	S143 ⑫ **volleyball** 名 バレーボール ☐ [válibɔ̀:l｜**ヴァ**りボール]

職業

S144 ① **cartoonist** 名 漫画家
☑ [kɑːrtúːnist | カートゥーニスト]

S145 ② **gardener** 名 庭師
☑ [gɑ́ːrdnər | ガードナ]

S146 ③ **movie director** 名 映画監督
☑ [múːvi dirèktər | ムーヴィ ディレクタ]

S147 ④ **veterinarian** 名 獣医
☑ [vètərənéəriən | ヴェトゥリネリアン]

S148 ⑤ **nursery school teacher**
☑ [nə́ːrsəri skùːl tíːtʃər | ナ〜サリ スクール
ティーチャ] 名 保育士

S149 ⑥ **software engineer**
☑ [sɔ́ːftwèər èndʒəníər |
ソーふトウェア エンヂニィア]
名 ソフトウエアエンジニア

S150 ⑦ **chef** 名 料理人
☑ [ʃéf | シェふ]

S151 ⑧ **hairstylist** 名 美容師
☑ [héərstàilist | ヘアスタイリスト]

S152 ⑨ **fire fighter** 名 消防士
☑ [fáiər fàitər | ふァイア ふァイタ]

S153 ⑩ **nurse** 名 看護師
☑ [nə́ːrs | ナ〜ス]

S154 ⑪ **photojournalist**
☑ [fòutoudʒə́ːrnəlist | ふォウトウヂャ〜ナリ
スト] 名 報道写真家

S155 ⑫ **flight attendant**
☑ [fláit ətèndənt | ふらイト アテンダント]
名 客室乗務員

家

S156 ① **clock** 名 (掛け)時計 ☐ [klák | ク**ら**ック]	**S160** ⑤ **kitchen** 名 キッチン ☐ [kítʃən | **キ**チン]
S157 ② **dining room** 名 食堂 ☐ [dáiniŋ rù:m | **ダ**イニンｸルーム]	**S161** ⑥ **sofa** 名 ソファー ☐ [sóufə | **ソ**ゥふァ]
S158 ③ **fridge** 名 冷蔵庫 ☐ [frídʒ | ふ**リ**ッヂ]	**S162** ⑦ **table** 名 テーブル ☐ [téibl | **テ**イブる]
S159 ④ **furniture** 名 家具 ☐ [fə́:rnitʃər | **ふァ**〜ニチャ]	**S163** ⑧ **window** 名 窓 ☐ [wíndou | **ウ**ィンドゥ]

S164 □ **balcony** 名 バルコニー
[bǽlkəni | **バ**るコニ]

S165 □ **bedroom** 名 寝室
[bédrùːm | **ベ**ッドルーム]

S166 □ **door** 名 ドア
[dɔ́ːr | **ド**ー(ア)]

S167 □ **garbage** 名 生ごみ
[gáːrbidʒ | **ガ**ーベッヂ]

S168 □ **living room** 名 居間
[líviŋ rùːm | **り**ヴィンッルーム]

S169 □ **restroom** 名 トイレ
[réstrùːm | **レ**ストルーム]

S170 □ **washing machine**
[wáʃiŋ məʃìːn | **ワ**シンッマシーン]
名 洗濯機

情報・ICT

S171 □ **chat** 動 チャットする
[tʃǽt | **チャ**ット]

S172 □ **digital camera**
[dídʒitl kǽmərə | **ディ**ヂトゥる
キャメラ] 名 デジタルカメラ

S173 □ **Internet** 名 インターネット
[íntərnèt | **イ**ンタネット]

S174 □ **keyboard** 名 キーボード
[kíːbɔ̀ːrd | **キ**ーボード]

S175 □ **media** 名 メディア
[míːdiə | **ミ**ーディア] 発音

S176 □ **mouse** 名 マウス
[máus | **マ**ウス]

S177 □ **online** 形 オンラインの
[ánláin | **ア**ンらイン]

S178 □ **projector** 名 プロジェクター
[prədʒéktər | プロ**ヂェ**クタ]

S179 □ **personal computer**
[pə́ːrsənl kəmpjúːtər | **パ**～ソヌる
コンピュータ] 名 パソコン (PC)

S180 □ **scanner** 名 スキャナー
[skǽnər | ス**キャ**ナ]

S181 □ **smartphone** 名 スマートフォン
[smáːrtfòun | ス**マ**ートふォウン]

S182 □ **telephone** 名 電話
[téləfòun | **テ**れふォウン]

S183 □ **television** 名 テレビ
[téləvìʒn | **テ**れヴィジョン]

S184 □ **website** 名 ウェブサイト
[wébsàit | **ウェ**ブサイト]

店・建物

S185 ① **aquarium**　名 水族館
☑ [əkwériəm｜アク**ウェ**リアム]

S186 ② **amusement park**
☑ [əmjú:zmənt pà:rk｜アミューズメント
パーク]　名 遊園地

S187 ③ **stadium**　名 競技場
☐ [stéidiəm｜ス**テ**ィディアム]

S188 ④ **restaurant**　名 レストラン
☐ [réstərənt｜**レ**ストラント]

S189 ⑤ **convenience store**
☐ [kənví:niəns stɔ̀:r｜コン**ヴィ**ーニエンス
ストー(ア)]　名 コンビニエンスストア

S190 ⑥ **bookstore**　名 本屋
☑ [búkstɔ̀:r｜**ブ**ックストー(ア)]

S191 ⑦ **supermarket**
☐ [súːpərmàːrkit | スーパーマーケット]
名 スーパーマーケット

S192 ⑧ **department store**
☑ [dipáːrtmənt stɔ̀ːr | ディパートメント ストー(ア)]
名 百貨店

S193 ⑨ **city hall**　**名** 市役所
☑ [síti hɔ́ːl | スィティ ホーる]

S194 ⑩ **gas station**　**名** ガソリンスタンド
☑ [gǽs stèiʃn | ギぁス ステイション]

S195 ⑪ **zoo**　**名** 動物園
☑ [zúː | ズー]

S196 ⑫ **movie theater**　**名** 映画館
☑ [múːvi θìːətər | ムーヴィ すィーアタ]

S197 ⑬ **hotel**　**名** ホテル
☑ [houtél | ホウテる]

交通

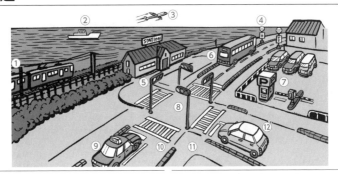

S198 ① **train**　**名** 列車, 電車
☐ [tréin | トゥレイン]

S199 ② **ship**　**名** 船
☐ [ʃíp | シップ]

S200 ③ **plane**　**名** 飛行機
☐ [pléin | プれイン]

S201 ④ **bus stop**　**名** バス停
☑ [bʌ́s stàp | バス スタップ]

S202 ⑤ **traffic light**　**名** 信号機
☑ [trǽfik làit | トゥラぁふィック らイト]

S203 ⑥ **bus**　**名** バス
☑ [bʌ́s | バス]

S204 ⑦ **parking lot**　**名** 駐車場
☑ [páːrkiŋ làt | パーキンッ ラット]

S205 ⑧ **intersection**　**名** 交差点
☑ [ìntərsékʃn | インタセクション]

S206 ⑨ **taxi**　**名** タクシー
☑ [tǽksi | タぁクスィ]

S207 ⑩ **crosswalk**　**名** 横断歩道
☑ [krɔ́(ː)swɔ̀ːk | クロ(ー)スウォーク]

S208 ⑪ **sidewalk**　**名** 歩道
☑ [sáidwɔ̀ːk | サイドウォーク]

S209 ⑫ **car**　**名** 車
☑ [káːr | カー]

27

教室

S210 ① **blackboard** 　名 黒板
　　□ [blǽkbɔ̀:rd | ブらぁックボード]

S211 ② **chalk** 　名 チョーク
　　□ [tʃɔ́:k | チョーク]

S212 ③ **textbook** 　名 教科書
　　□ [tékstbùk | テクストブック]

S213 ④ **stapler** 　名 ホチキス
　　□ [stéiplər | ステイプら,]

S214 ⑤ **ruler** 　名 定規
　　☑ [rú:lər | ルーら]

S215 ⑥ **pencil case** 　名 筆箱
　　☑ [pénsl kèis | ペンスる ケイス]

S216 ⑦ **glue** 　名 のり
　　☑ [glú: | グるー]

S217 ⑧ **ballpoint pen**
☑ [bɔ́:lpɔ̀int pén | **ボ**ールポイント **ペ**ン]
名 ボールペン

S218 ⑨ **pencil** 名 鉛筆
☑ [pénsl | **ペ**ンスる]

S219 ⑩ **eraser** 名 消しゴム
☑ [iréisər | イ**レ**イサ]

S220 ⑪ **notebook** 名 ノート
☑ [nóutbùk | **ノ**ウトブック]

S221 ⑫ **mechanical pencil**
☑ [məkǽnikl pénsl | メ**キ**ぁニクる **ペ**ンスる]
名 シャープペンシル

S222 ⑬ **chair** 名 いす
☑ [tʃéər | **チェ**ア]

S223 ⑭ **scissors** 名 はさみ
☑ [sízərz | **ス**イザズ]

S224 ⑮ **desk** 名 机
☑ [désk | **デ**スク]

教科

S225 ☑ **English** 名 英語
[íŋgliʃ | **イ**ングリッシ]

S226 ☑ **math** 名 数学
[mǽθ | **マ**ぁす]

S227 ☑ **arithmetic** 名 算数
[əríθmətik | ア**リ**すメティック]

S228 ☑ **Japanese** 名 国語
[dʒæpəníːz | ヂぁパ**ニ**ーズ]

S229 ☑ **social studies** 名 社会科
[sóuʃl stʌ̀diz | **ソ**ウシャる スタディズ]

S230 ☑ **science** 名 理科,科学
[sáiəns | **サ**イエンス]

S231 ☑ **history** 名 歴史
[hístəri | **ヒ**ストゥリ]

S232 ☑ **ethics** 名 倫理
[éθiks | **エ**すィックス]

S233 ☑ **physics** 名 物理
[fíziks | **ふィ**ズィックス]

S234 ☑ **chemistry** 名 化学
[kémistri | **ケ**ミストゥリ]

S235 ☑ **biology** 名 生物学
[baiálədʒi | バイ**ア**ろヂィ]

S236 ☑ **geography** 名 地理学
[dʒiágrəfi | ヂ**ア**グラふィ]

S237 ☑ **music** 名 音楽
[mjúːzik | **ミ**ューズィック]

S238 ☑ **fine arts** 名 美術
[fáin áːrts | **ふァ**イン **アー**ツ]

S239 ☑ **physical education**
[fízikl èdʒukéiʃn | **ふィ**ズィクる
エヂュ**ケ**イション] 名 体育

S240 ☑ **calligraphy** 名 書道
[kəlígrəfi | カ**リ**グラふィ]

S241 ☑ **home economics**
[hóum ìːkənámiks | **ホ**ウム イー**コナ**
ミックス] 名 家庭科

S242 ☑ **moral education**
[mɔ́:rəl èdʒukéiʃn | **モー**らる エヂュ**ケ**
イション] 名 道徳

S243 ☑ **class schedule** 名 時間割
[klǽs skédʒuːl | く**らぁ**ス ス**ケ**ヂューる]

感情

S244 ① **delighted** 形 喜んでいる
☑ [diláitid | ディ**ら**イテッド]

S245 ② **excited** 形 興奮した
☑ [iksáitid | イク**サ**イテッド]

S246 ③ **exhausted** 形 疲れ果てた
☑ [igzɔ́:stid | イグ**ゾ**ーステッド]

S247 ④ **disappointed** 形 がっかりした
☑ [dìsəpɔ́intid | ディスア**ポ**インテッド]

S248 ⑤ **nervous** 形 緊張した
☑ [nə́:rvəs | **ナ**～ヴァス]

S249 ⑥ **angry** 形 怒った
☑ [ǽŋgri | **あ**ングリ]

S250 ⑦ **surprised** 形 驚いた
☑ [sərpráizd | サプ**ラ**イズド]

S251 ⑧ **scared** 形 おびえた
☑ [skéərd | ス**ケ**アド]

S252 ⑨ **bored** 形 退屈した
☑ [bɔ́:rd | **ボ**ード]

S253 ⑩ **proud** 形 誇りに思っている
☑ [práud | プ**ラ**ウド]

S254 ⑪ **relaxed** 形 リラックスした
☑ [rilǽkst | リ**ら**ックスト]

S255 ⑫ **confused** 形 困惑した
☑ [kənfjú:zd | コン**ふ**ューズド]

S256 ① **depressed** 形 気落ちした
☑ [diprést | ディプ**レ**スト]

S257 ② **comfortable** 形 心地よい
☑ [kʌ́mfərtəbl | **カ**ンふァタブる]

S258 ③ **uncomfortable** 形 不快な
☑ [ʌnkʌ́mfərtəbl | アン**カ**ンふァタブる]

S259 ④ **satisfied** 形 満足した
☑ [sǽtisfàid | **サ**ぁティスふァイド]

S260 ⑤ **dissatisfied** 形 不満な
☑ [dissǽtisfàid | ディス**サ**ぁティスふァイド]

S261 ⑥ **patient** 形 我慢強い
☑ [péiʃnt | **ペ**イシェント]

S262 ⑦ **impatient** 形 我慢できない
☐ [impéiʃnt | イン**ペ**イシェント]

S263 ⑧ **annoyed** 形 いらいらした
☐ [ənɔ́id | ア**ノ**イド]

S264 ⑨ **upset** 形 うろたえた
☐ [ʌpsét | アプ**セ**ット]

S265 ⑩ **frustrated**
☐ [frʌ́streitid | ふ**ラ**ストゥレイテッド]
形 フラストレーションのたまった

S266 ⑪ **jealous** 形 妬んだ
☑ [dʒéləs | **ヂェ**らス]

S267 ⑫ **embarrassed** 形 恥ずかしい
☑ [embǽrəst | エン**バ**ぁラスト]

31

1. 前置詞

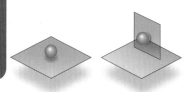

S268 ☑ …の上に，…の表面に
on [ɔ́n]

S269 ☑ …より上に
above [əbʌ́v]

S270 ☑ …の下に
under [ʌ́ndər]

S271 ☑ …の中に
in [ín]

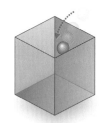

S272 ☑ …の中へ
into [íntu:]

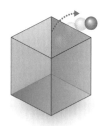

S273 ☑ …から(外へ)
out of

S274 ☑ …に沿って
along [əlɔ́:ŋ]

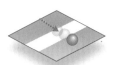

S275 ☑ …を横切って
across [əkrɔ́:s]

S276 ☑ …を越えて
over [óuvər]

S277 ☑ (2つ)の間に
between
[bitwí:n]

S278 ☑ (3つ以上)の間に
among [əmʌ́ŋ]

S279 ☑ …の周りに
around
[əráund]

S280 ☑ …を通り抜けて
through
[θrú:]

STAGE 1

平均単語レベル
中学標準

移動・動き

1 ☐ **go**
圏p. 68 道場
[góu | ゴゥ]
過去 went
過分 gone A1

動 行く

2 ☐ **come**
圏p. 69 道場
[kʌ́m | カム]
過去 came
過分 come A1

動 来る

3 ☐ **fast**
[fǽst | ふぁスト]

A1 形 (動作・速度などが)速い
A1 副 速く

4 ☐ **slow**
[slóu | スロゥ]
A1

形 (動作・速度などが)遅い
関連 slowly ゆっくりと

コミュニケーション

5 ☐ **say**
[séi | セイ]
過去・過分 said A1

動 …を言う

6 ☐ **call¹**
圏p. 141 道場
[kɔ́ːl | コーる]
A2

動 …を呼ぶ
🔑 【call Ⓐ Ⓑ】ⒶをⒷと呼ぶ

7 ☐ **meet**
[míːt | ミート]
過去・過分 met
A1

動 (約束して)…と会う; (偶然)…に出会う
関連 meeting ミーティング, 会議

8 ☐ **ask**
圏p. 140 道場
[ǽsk | あスク]
A1

動 ❶ …を尋ねる
🔑 【ask Ⓐ Ⓑ】ⒶにⒷを尋ねる
❷ (助けなどを)求める

9 ☐ **answer**
[ǽnsər | あンサ]
A1
A1

名 答え
対義 question 質問
動 …に答える

☑ チャンク go **to Australia**　オーストラリアに行く
☑ Did he **go** to Sapporo last year?　▶去年彼は札幌へ行きましたか？

☑ チャンク come **here**　ここに来る
☑ **Come** here, please.　▶ここに来てください.

☑ チャンク a fast **car**　速い車
☑ She is a **fast** runner.　▶彼女は走るのが速い（◉ 彼女は速い走者だ）.

☑ チャンク at a slow **pace**　ゆっくりと（◉ 遅いペースで）
☑ We walked at a **slow** pace along the beach.　▶私たちは海岸沿いをゆっくり歩いた.

☑ チャンク say **goodbye**　さよならを言う
☑ Jenny **said** goodbye to Brian.　▶ジェニーはブライアンにさよならを言った.

☑ チャンク call a **doctor**　医者を呼ぶ
☑ My name is Elizabeth Jones. Please **call** me Eliza.　▶私の名前はエリザベス・ジョーンズです. イライザと呼んでください.

☑ チャンク meet **him at the station**　駅で彼に会う
☑ I **met** her at the bookstore yesterday.　▶きのう, 私は本屋で彼女に会った.

☑ チャンク ask a **question**　質問をする
☑ She **asked** me some questions.　▶彼女は私にいくつかの質問をした.

☑ チャンク a right **answer**　正しい答え
☑ She gave a clear **answer** to the question.　▶彼女はその質問にはっきり答えた（◉ 明確な答えを与えた）.

時間

10 ☑ **ago** [əgóu｜アゴウ] A1	副 (今から)…前に
11 ☑ **still** [stíl｜スティる] A2	副 まだ, 今でも
12 ☑ **soon** [súːn｜スーン] A1	副 すぐに, 間もなく
13 ☑ **next** [nékst｜ネクスト] A2 A2	A2 形❶ 次の ❷ 隣の A2 副 次に

感覚

14 ☑ **see** ⚷p. 117 道場 [síː｜スィー] 過去 saw 過分 seen A1	動❶ (自然に)…が見える, …を見る ❷ …に会う
15 ☑ **look**[1] ⚷p. 116 道場 [lúk｜るック] A1	動 (見ようとして意識的に)見る ☝【look at Ⓐ】Ⓐを見る
16 ☑ **watch** [wátʃ｜ワッチ] A1 A1	A1 動 …を(注意して)見る A1 名 (携帯用の)時計(◆ 携帯しないものは clock)
17 ☑ **hear** [híər｜ヒア] 過去・過分 heard A1	動 (自然に)…が聞こえる, …を聞く
18 ☑ **listen** [lísn｜りスン] A1	動 (注意して)聞く, 耳を傾ける ☝【listen to Ⓐ】Ⓐに耳を傾ける

☑ チャンク **an hour** ago | 1 時間前に
☑ I met her a few days **ago**. | ▶何日か前に彼女に会いましたよ.

☑ チャンク **still** remember the story | まだその話を覚えている
☑ I **still** remember her beautiful song. | ▶私は彼女の美しい歌をまだ覚えている.

☑ チャンク **be back** soon | すぐに戻る
☑ Please come back **soon**. | ▶すぐに戻ってきてください.

☑ チャンク **the next** day | 翌日 (● 次の日)
☑ He visited the country again the **next** year. | ▶彼は翌年, 再びその国を訪れた.

☑ チャンク **see his face** | 彼の顔が見える
☑ I **saw** Ann at the station yesterday. | ▶きのう, 駅でアンを見かけた.

☑ チャンク **look at** the building | その建物を見る
☑ **Look at** that mountain. | ▶あの山を見てごらん.

☑ チャンク **watch TV** | テレビを見る
☑ We just **watched** the stars in the night sky. | ▶私たちはただ夜空の星を眺めた.

☑ チャンク **hear** your voice | あなたの声が聞こえる
☑ I **heard** the sound of a piano from the room. | ▶その部屋からピアノの音が聞こえた.

☑ チャンク **listen to** the radio | ラジオを聞く
☑ She is **listening to** music in her room now. | ▶今, 彼女は部屋で音楽を聞いている.

STAGE 1

教育・学習

19 ☑ teach
[tíːtʃ | ティーチ]
過去・過分 taught
A1

動〈教科などを〉教える
関連 teacher 教師

20 ☑ study
[stʌ́di | スタディ]
A1

動 …を勉強する

21 ☑ student
[stjúːdnt | ステューデント]
A1

名 学生, 生徒

22 ☑ homework
[hóumwə̀ːrk | ホウムワ〜ク]
A1

名 宿題

行為・行動

23 ☑ get¹ ⤴p.45 道場
[gét | ゲット]
過去 got
過分 got, gotten
A1

動 …を得る, 手に入れる

24 ☑ play
[pléi | プレイ]
A1

動 ❶〈子供が〉遊ぶ
❷〈スポーツなどを〉する

25 ☑ put
[pút | プット]
過去・過分 put
A1

動 …を置く

26 ☑ use
動 [júːz | ユーズ]
名 [júːs | ユース]
🐟 発音
A1
A2

A1 動 …を使う, 利用する
A2 名 使うこと
関連 useful 役に立つ

27 ☑ wait
[wéit | ウェイト]
A1

動 待つ
➡ 【wait for Ⓐ】Ⓐを待つ

☐ チャンク teach **history** 歴史を教える

☐ Ms. Green **teaches** music to us. ▶グリーン先生は私たちに音楽を教えている.

☐ チャンク study **Japanese** 日本語を勉強する

☐ I **study** English every day. ▶私は毎日, 英語を勉強する.

☐ チャンク a high school **student** 高校生

☐ I am a high school **student**. ▶私は高校生です.

☐ チャンク do my **homework** 宿題をする

☐ She did her **homework** after dinner. ▶彼女は夕食後に宿題をした.

☐ チャンク get **a job** 職を得る

☐ How can I **get** the concert ticket? ▶私はどうすればそのコンサートチケットを手に入れられますか?

☐ チャンク play **in the park** 公園で遊ぶ

☐ Don't **play** on the street. ▶道路で遊んではいけません.

☐ チャンク put **the glass on the table** グラスをテーブルに置く

☐ I **put** my bag on the desk. ▶私はかばんを机の上に置いた.

☐ チャンク use **the library** 図書館を利用する

☐ I **use** my computer as a DVD player. ▶私は自分のコンピュータを DVD プレーヤーとして使う.

☐ チャンク wait for **the train** その列車を待つ

☐ I **waited for** my mother at the station. ▶私は駅で母を待った.

STAGE 1

飲食

28 ☐ **food**
[fú:d | ふード]
A1

名 食物
関連 feed …に食べ物を与える

29 ☐ **eat**
[í:t | イート]
過去 ate
過分 eaten **A1**

動 …を食べる

30 ☐ **drink** **A1**
[dríŋk | ドゥリンク] **A1**
過去 drank
過分 drunk

動 …を飲む
名 飲み物

31 ☐ **hungry**
[hʌ́ŋgri | ハングリ]
A1

形 空腹な
関連 hunger 飢え

性質・状態

32 ☐ **have** 曖p. 44 道場
[hǽv | ハぁヴ]
過去・過分 had **A1**

動 ❶ …をもっている
❷ …を食べる

33 ☐ **clear**
[klíər | クリア]
A2

形 ❶ はっきりした, 明らかな
関連 clearly はっきりと
❷ 〈液体などが〉澄んだ

34 ☐ **soft**
[sɔ́:ft | ソーふト]
A2

形 柔らかい; 〈音・声などが〉穏やかな
関連 calm 〈天気・海などが〉穏やかな
対義 hard 硬い

35 ☐ **popular**
[pɑ́pjələr | パピュら]
A2

形 人気のある

36 ☐ **beautiful**
[bjú:təfl | ビューティふる]
A1

形 美しい, きれいな
関連 beauty 美しさ

STAGE 1

☑ チャンク **Chinese** food
☑ Bob likes Japanese **food**.

中華料理（● 中国の食物）
▶ボブは日本料理が好きだ.

☑ チャンク eat **a sandwich**
☑ I didn't **eat** breakfast today.

サンドイッチを食べる
▶きょうは朝食を食べなかった.

☑ チャンク **drink** tea
☑ The children **drank** orange juice.

紅茶を飲む
▶子どもたちはオレンジジュースを飲んだ.

☑ チャンク **I'm** hungry.
☑ I'm **hungry**. Let's have lunch.

（私は）お腹がぺこぺこだ.
▶お腹がすいちゃったよ. 昼食を食べよう.

☑ チャンク have **two cell phones**
☑ I **have** a DVD of that movie.

携帯電話を 2 台もっている
▶私はその映画の DVD をもっています.

☑ チャンク a **clear** picture
☑ This book has a lot of **clear** pictures of the moon.

鮮明な**写真**
▶この本には月の鮮明な写真がたくさん載っている.

☑ チャンク a **soft** voice
☑ He is sleeping on a **soft** bed.

穏やかな**声**
▶彼は柔らかいベッドで眠っている.

☑ チャンク a **popular** writer
☑ The singer is very **popular** with young people.

人気**作家**
▶その歌手は若者たちにとても人気がある.

☑ チャンク a **beautiful** flower
☑ The flowers in the garden are very **beautiful**.

美しい**花**
▶庭園の花はとても美しい.

41

例文で覚える英熟語

37 ☑ **do** *one's* **best**	最善を尽くす
38 ☑ **hear from ...**	(手紙などで)…から連絡がある
39 ☑ **hear of ...**	…のうわさを聞く
40 ☑ **a lot of ...**	たくさんの…(◆数・量のどちらにも用いられる)
41 ☑ **after school**	放課後(に)
42 ☑ **after all**	結局, やはり
43 ☑ **each other**	お互い(に[を])
44 ☑ **and so on**	…など
45 ☑ **next to ...**	…の隣に[の]
46 ☑ **in front of ...**	…の正面に[で]
47 ☑ **make friends with ...**	…と親しくなる, 仲よくなる(◆friendsと常に複数形になる)
48 ☑ **of course**	もちろん
49 ☑ **Never mind.**	気にしないで
50 ☑ **Thank you for ...**	…をありがとう

STAGE 1

☑ The doctors **did** their **best** to help the patient. ▶医師たちはその患者を救うのに最善を尽くした.

☑ I haven't **heard from** her these days. ▶最近，彼女から連絡がない.

☑ I haven't **heard of** him for the last few years. ▶ここ数年，彼のうわさを聞いていない.

☑ **A lot of** people visit this park every day. ▶毎日たくさんの人がこの公園を訪れる.

☑ Let's play soccer **after school**. ▶放課後にサッカーをやろうよ.

☑ I couldn't go to the party **after all**. ▶そのパーティーには結局行けなかった.

☐ Tom and Ann looked at **each other**. ▶トムとアンはお互いを見つめ合った.

☑ The store sells shirts, jeans, shoes **and so on**. ▶その店ではシャツやジーンズ，靴などを売っている.

☑ The coffee shop is **next to** a small bookstore. ▶その喫茶店は小さな本屋の隣にある.

☑ I was waiting for my sister **in front of** the library. ▶私は図書館の前で姉を待っていた.

☑ I **made friends with** Jane at the party. ▶私はそのパーティーでジェーンと親しくなった.

☐ "May I use your pen?" "**Of course**." ▶「ペンを借りてもいいですか？」「もちろん」

☐ "I've broken the dish ...." "**Never mind**." ▶「お皿，割っちゃった…」「気にしないでいいよ」

☑ **Thank you for** your advice. ▶アドバイスをありがとう.

have [hǽv | ハぁヴ]　　　→p. 40

コアイメージ「何かをもっている」

🥇🥈🥉 [have + 名詞] ランキング

☐ S281 **第1位** **have time**　　　▶ 時間がある

☐ I have a lot of time to study English today.　　　▶ 私は今日，英語を勉強する時間がたくさんある．

☐ S282 **第2位** **have an effect**　　　▶ 効果がある

☐ Eating vegetables has a good effect on our health.　　　▶ 野菜を食べることには，健康にいい効果がある．

☐ S283 **第3位** **have a way**　　　▶ 方法がある

☐ We have no way of finding out the cause of the accident.　　　▶ 私たちにはその事故の原因を知る方法はない．

☐ S284 **第4位** **have a problem**　　　▶ 問題がある

☐ I have a problem with my computer.　　　▶ 私のコンピュータには問題がある．

☐ S285 **第5位** **have an idea**　　　▶ アイディアがある

☐ I have a good idea.　　　▶ 私にいいアイディアがある．

get [gét | ゲット] →p. 38

STAGE 1

コアイメージ 「ある物や状態を手に入れる」

2 1 3 [get + 形容詞]ランキング

☐ S286 第1位 **get used to ...**	▶ …に慣れる
☐ We soon **got used to** our new life here.	▶ 私たちはすぐにここでの新しい生活に慣れた.
☐ S287 第2位 **get better**	▶ よくなる，回復する
☐ My grandfather was sick, but he is **getting better** now.	▶ 私の祖父は体調が悪かったが，今はよくなってきている.
☐ S288 第3位 **get involved in ...**	▶ …に巻き込まれる
☐ My friend **got involved in** a car accident.	▶ 私の友人は車の事故に巻き込まれた.
☐ S289 第4位 **get ready**	▶ 準備する
☐ **Get ready** for bed.	▶ 寝る準備をしなさい.
☐ S290 第5位 **get worse**	▶ 悪くなる，悪化する
☐ The patient's condition suddenly **got worse**.	▶ その患者の容態は突然悪化した.

期間

51 ☐ until
[əntíl | アン**ティ**る]
A1

前 …まで（ずっと）

52 ☐ during
[djúəriŋ | **デュ**（ア）リング]
A2

前 …の間（ずっと）

53 ☐ forever
[fərévər | ふォ**エ**ヴァ]
A2

副 永遠に，いつまでも

対立・調和

54 ☐ win
[wín | **ウィ**ン]
過去・過分 won
A1

動 **1**〈試合などに〉勝つ
　2〈賞品などを〉勝ち取る

55 ☐ lose¹
[lúːz | **る**ーズ]
過去・過分 lost
A2

動〈試合などに〉負ける
☞【lose Ⓐ to Ⓑ】ⒶでⒷに負ける

56 ☐ help ⤵p. 165 道場 A1
[hélp | **へ**るプ]　A2

動〈人を〉助ける，手伝う
名 助け

57 ☐ fight
[fáit | **ふァ**イト]　A1
過去・過分 fought　B1

名 戦い；けんか
動 戦う；けんかをする（◆日本語の，人を励ます
　表現「ファイト！」の意味はない）

58 ☐ agree
[əgríː | アグ**リ**ー]
A1

動 賛成する，意見が一致する
対義 disagree 意見が合わない

59 ☐ peace
[píːs | **ピ**ース]
A1

名 平和
対義 war 戦争

STAGE 1

☑ チャンク until now　　　　現在まで
☑ He worked from morning **until** night.　　▶彼は朝から晩まで働いた.

☑ チャンク during the vacation　　休みの間
☑ She swam almost every day **during** the summer vacation.　　▶彼女は夏休みの間，ほぼ毎日泳いだ.

☑ チャンク last forever　　　永遠に続く
☑ Hard times don't last **forever**.　　▶つらい時は永遠には続かない.

☑ チャンク win a game　　　試合に勝つ
☑ Japan **won** the game over France five to three.　　▶日本が5対3でフランスとの試合に勝った.

☑ チャンク lose a game　　　試合に負ける
☑ Germany **lost** the game **to** Italy.　　▶ドイツは試合でイタリアに負けた.

☑ チャンク help poor people　　貧しい人々を助ける
☑ I can **help** you.　　▶私はあなたを助けることができる.

☑ チャンク win a fight　　　戦いに勝つ
☑ Can we win this **fight**?　　▶我々はこの戦いに勝つことができるだろうか?

☑ チャンク agree with Ⓐ　　Ⓐ に賛成する
☑ I **agree** with you.　　▶私はあなたに賛成です.

☑ チャンク world peace　　　世界平和
☑ They are working for world **peace**.　　▶彼らは世界平和のために活動している.

問題・困難

60 ☑ **easy**
[í:zi | イーズィ]
`A1`

形 簡単な

61 ☑ **difficult**
[dífikÀlt | ディふィカると]
`A1`

形 難しい

62 ☑ **problem**
[prábləm | プラブれム]
`A1`

名 問題

新旧

63 ☑ **new**
[njú: | ニュー]
`A1`

形 新しい

64 ☑ **young**
[jʌ́ŋ | ヤング]
`A1`

形 若い

65 ☑ **old**
[óuld | オウるド]
`A1`

形 古い；年をとった

66 ☑ **fresh**
[fréʃ | ふレッシ]
`A2`

形 新鮮な

67 ☑ **latest**
[léitist | れイテスト]
`A2`

形 最新の
関連 late 遅れた

68 ☑ **modern**
[mádərn | マダン]
`A2`

形 現代の，近代の
対義 ancient 古代の

☑ チャンク **an easy question** 簡単な**質問**
☑ The quiz is **easy** for me. ▶そのクイズは私にとって簡単だ.

☑ チャンク **a difficult book** 難しい**本**
☑ The book is **difficult** for me. ▶その本は私には難しい.

☑ チャンク **a big problem** **大きな**問題
☑ Global warming is a big **problem**. ▶地球温暖化は大きな問題だ.

☑ チャンク **a new record** 新**記録**
☑ I saw the **new** movie. ▶私はその新作映画を見た.

☑ チャンク **a young tree** **若木**
☑ A lot of **young** people came to the concert. ▶そのコンサートに大勢の若者が集まった.

☑ チャンク **an old house** 古い**家**
☑ I visited a lot of **old** buildings in this town. ▶私はこの町にあるたくさんの古い建物を訪れた.

☑ チャンク **fresh vegetables** 新鮮な**野菜**
☑ I want some **fresh** fruit. ▶新鮮な果物が欲しい.

☑ チャンク **the latest information** 最新**情報**
☑ It's time for the **latest** news. ▶最新のニュースの時間です.

☑ チャンク **modern society** 現代**社会**
☑ Cell phones play an important part in **modern** life. ▶携帯電話は現代の生活において重要な役割を果たしている.

STAGE 1

49

よい・悪い

69 ☑ **good**
[gúd | グッド]
比較 better
最上 best A1

形 ① よい
② 上手な

70 ☑ **bad**
[bǽd | バぁッド]
比較 worse
最上 worst A1

形 ① 悪い
② 下手な

71 ☑ **nice**
[náis | ナイス]
A1

形 すてきな, よい
関連 nicely よく, きちんと

72 ☑ **great**
[gréit | グレイト]
A1

形 すばらしい；偉大な

移動・動き

73 ☑ **move**
[múːv | ムーヴ]
A2

動 ① 動く；…を動かす
② 引っ越す

74 ☑ **stay**
[stéi | ステイ]
A1
B1

動 とどまる, 滞在する
名 滞在

75 ☑ **fall**²
[fɔ́ːl | ふォール]
過去 fell
過分 fallen A2

動 落ちる；〈値段などが〉下がる
関連 fail (試験に) 落ちる

76 ☑ **visit**
[vízit | ヴィズィット]
A1

動 〈場所を〉訪れる；〈人を〉訪ねる
関連 visitor 訪問客

77 ☑ **trip**
[tríp | トゥリップ]
A1

名 旅行

STAGE 1

☐ チャンク **a good idea**　　よい**アイディア**
☐ The service at the hotel is very **good**.　▶そのホテルのサービスはとてもよい.

☐ チャンク **a bad example**　　悪い**例**
☐ I have some **bad** news.　▶悪い知らせがあります.

☐ チャンク **a nice place**　　すてきな**場所**
☐ Thank you for the **nice** present.　▶すてきなプレゼントをありがとう.

☐ チャンク **a great person**　　偉人（🔁 偉大な人）
☐ The movie is **great**.　▶あの映画はすばらしい.

☐ チャンク **move quickly**　　素早く**動く**
☐ Cars are **moving** slowly.　▶車はゆっくりと進んで（🔁 動いて）いる.

☐ チャンク **stay home**　　家にいる
☐ Can I **stay** here?　▶ここにいてもいいですか？

☐ チャンク **fall on the floor**　　床に落ちる
☐ The glass **fell** on the floor and broke into pieces.　▶そのグラスは床に落ちて粉々に割れた.

☐ チャンク **visit Rome**　　ローマを**訪れる**
☐ I **visited** the museum yesterday.　▶きのう，私はその博物館を訪れた.

☐ チャンク **take a trip**　　旅行する
☐ We took a **trip** to China last month.　▶私たちは先月，中国へ旅行に行った.

植物

78 ☑ **tree**
[trí: |トゥリー]
A1
名木

79 ☑ **flower**
[fláuər |ふらウア]
発音
A1
名花

80 ☑ **leaf**
[lí:f |りーふ]
複数 leaves
A1
名（1枚の）葉

81 ☑ **grass**
[grǽs |グラぁス]
A1
名草；芝生

心・感情

82 ☑ **feel** p. 93 道場
[fí:l |ふィーる]
過去・過分 felt
A1
動（…を）感じる
関連 feeling 感情

83 ☑ **like¹**
[láik |らイク]
A1
動…が好きである
【like doing [to do]】…するのが好きである

84 ☑ **laugh**
[lǽf |らぁふ]
発音
A1
動（声を出して）笑う

85 ☑ **cry**
[krái |クライ]
A2
動❶ 泣く
❷（大声で）叫ぶ

86 ☑ **sad**
[sǽd |サぁッド]
A1
形悲しい
対義 happy うれしい

☑ チャンク **plant a** tree | 木を植える
☑ They planted **trees** in the park. | ▶彼らは公園に木を植えた.

☑ チャンク **wild** flowers | **野生の花**
☑ I saw some beautiful **flowers** at the top of the mountain. | ▶私は山頂できれいな花を見た.

☑ チャンク **autumn** leaves | 紅葉 （🔘 秋の葉）
☑ We enjoyed beautiful autumn **leaves**. | ▶私たちは美しい紅葉を楽しんだ.

☑ チャンク **sit on the** grass | 草の上に座る
☑ We sat on the **grass** and looked up at the sky. | ▶私たちは草の上に座り，空を見上げた.

☑ チャンク **feel cold** | 寒い （🔘 寒く感じる）
☑ I **felt** the pressure before the game. | ▶試合前，私はプレッシャーを感じた.

☑ チャンク **like fish better than meat** | 肉より魚のほうが好きだ
☑ I **like having** [to have] strong coffee in the morning. | ▶私は朝に濃いコーヒーを飲むのが好きだ.

☑ チャンク **laugh at Ⓐ** | Ⓐ を笑う
☑ We **laughed** at his funny jokes. | ▶私たちは彼のおもしろいジョークを聞いて笑った.

☑ チャンク **cry with pain** | 痛くて泣く
☑ I **cried** with pain. | ▶私は痛くて泣いた.

☑ チャンク **a sad story** | 悲しい**物語**
☑ I'm so **sad**. | ▶とても悲しい.

例文で覚える英熟語

87 ☑ **be good at ...**	…が上手だ, うまい
88 ☑ **get up**	起きる, 起床する (◆「目が覚める」はwake up)
89 ☑ **go on**	〈事が〉起こる
90 ☑ **go out**	出かける
91 ☑ **go ahead**	(相手の行為を促して) どうぞ
92 ☑ **come on**	がんばれ (◆通例命令文で用いる)
93 ☑ **come out**	〈真実などが〉明らかになる
94 ☑ **at home**	家に, 在宅して
95 ☑ **at that time**	その当時 (は), そのとき (は)
96 ☑ **not ... at all**	全然…でない, 少しも…でない
97 ☑ **put on**	〈服などを〉身につける (◆「身につけている」という状態はwear)
98 ☑ **put out**	〈火などを〉消す
99 ☑ **How about ...?**	…はどうですか (◆提案・勧誘などを表す)
100 ☑ **How do you like ...?**	…をどう思いますか

☑ My father **is good at** cooking.	▶私の父は料理が上手だ.
☑ I **got up** at six this morning.	▶今朝, 私は6時に起きた.
☑ What's **going on** here?	▶ここで何が起こっているのですか?
☑ I **went out** to a concert last night.	▶私は昨夜コンサートに出かけた.
☑ "Can I use this pen?" "**Go ahead.**"	▶「このペン, 使ってもいい?」 「どうぞ」
☑ **Come on!** You can do it!	▶がんばって! 君ならできるから!
☑ The truth finally **came out**.	▶ついに真実が明らかになった.
☑ I'll be **at home** tonight.	▶今夜は家にいるつもりです.
☐ **At that time**, I didn't like English very much.	▶その当時, 私は英語があまり好きではなかった.
☑ I **cannot** swim **at all**.	▶私は全く泳げません.
☑ He **put on** a shirt quickly.	▶彼は急いでシャツを着た.
☑ Don't forget to **put out** the fire.	▶火を消すのを忘れないでね.
☑ **How about** another cup of tea?	▶紅茶をもう1杯いかがですか?
☑ **How do you like** Japanese food?	▶日本料理をどう思いますか?

Ⅰ Scene 1 自分の部屋 In My Room

このコーナーでは，1日の生活場面にスポットを当て,そこでよく用いられる語句や表現を学習します．登場人物は高校生のYuiと，彼女の家にホームステイをしながら同じ高校に通うアメリカからの交換留学生Ed．さあ，新しい1日の始まりです!

S291 ☐ ①枕
pillow
[pílou]

S292 ☐ ②毛布
blanket
[blǽŋkit]

S293 ☐ ③カーテン
curtains
[kə́:rtnz]

S294 ☐ ④本箱
bookcase
[búkkèis]

S295 ☐ ⑤タブレットPC
tablet PC
[tǽblit pì:sí:]

朝の行動 Actions in the Morning

S296 ☐ 目覚める
wake up

S297 ☐ 起床する
get up

S298 ☐ 顔を洗う
wash my face

S299 ☐ トイレに行く
go to the bathroom

S300 ☐ ブラシで髪をとかす
brush my hair

S301 ☐ 着替える
get dressed

🎵 Scene 2 朝の食卓 At the Breakfast Table

S302 ☑ ①目玉焼き
fried egg
[fráid ég]

S303 ☑ ②トースト
toast
[tóust]

S304 ☑ ③ごはん
rice
[ráis]

S305 ☑ ④みそ汁
miso soup
[mí:sou sù:p]

S306 ☑ ⑤シリアル
cereal
[síəriəl]

朝食時の行動 Actions during Breakfast

S307 ☑ パンをトーストにする
toast some bread

S308 ☑ 卵を焼く
fry some eggs

S309 ☑ コーヒーをいれる
make coffee

S310 ☑ 果物をミキサーにかけ
る mix fruit in the blender

S311 ☑ トーストにジャムとバター
を塗る spread jam and
butter on the toast

S312 ☑ サラダにドレッシング
をかける **put some
dressing on my salad**

57

信念・確信

101 ☑ **believe**
[bilíːv | ビリーヴ]
A1

動 …を信じる, 信じている
関連 **belief** 信じること

102 ☑ **sure**
[ʃúər | シュア]

A1 形 確信して(いる)
🔹 【be sure of Ⓐ】 Ⓐを確信している
A2 副 もちろん

103 ☑ **certain**
[sɔ́ːrtn | サ〜トゥン]
A2

形 **1** 確信して(いる)(◆ sure と同義)
🔹 【be certain of Ⓐ】 Ⓐを確信している
2 確かな, 確実な

日常生活

104 ☑ **sleep**
[slíːp | スリープ]
過去・過分 slept

A1 動 眠る
B1 名 睡眠
関連 **sleepy** 眠い

105 ☑ **wake**
[wéik | ウェイク]
過去 woke
過分 woke, woken
B1

動 目が覚める(◆ しばしば up を伴う;
「起床する」は get up)

106 ☑ **free**
[fríː | ふりー]
A1

形 **1** 自由な
関連 **freedom** 自由
2 暇な

107 ☑ **busy**
[bízi | ビズィ]
A1

形 忙しい

108 ☑ **wash**
[wáʃ | ワッシ]
A1

動 …を洗う

109 ☑ **case**
[kéis | ケイス]
A1

名 **1** 場合, 状況
2 事件

☐ チャンク believe **the story** / その話を信じる
☐ Can you believe that story? / ▶そのような話を信じられますか？

☐ チャンク be sure of **their return** / 彼らの帰還を確信している
☐ I am sure of their safe return. / ▶私は彼らが無事帰還することを確信している.

☐ チャンク be certain of **her success** / 彼女の成功を確信している
☐ I am certain of your future success. / ▶私は君の将来の成功を確信している.

☐ チャンク sleep **well** / よく眠る
☐ Did you sleep well last night? / ▶昨夜はよく眠れましたか？

☐ チャンク Wake up! / 起きなさい！
☐ I usually wake up at six in the morning. / ▶私はいつも朝の6時に目が覚める.

☐ チャンク a free **discussion** / 自由な話し合い
☐ You are free here. / ▶ここでは君は自由だ.

☐ チャンク a busy **day** / 忙しい日
☐ I'm busy with my homework. / ▶私は宿題で忙しい.

☐ チャンク wash **the dishes** / 皿を洗う
☐ Wash your hands before eating. / ▶食事の前に手を洗いなさい.

☐ チャンク in that **case** / その場合
☐ I take a bus in some cases. / ▶場合によっては, 私はバスを使う.

コミュニケーション

110 ☐ **tell**　⤴p. 236 道場
[tél | テる]
過去・過分 told
A1

動〈人に / 情報などを〉話す, 伝える
→【tell Ⓐ to *do*】Ⓐに…するように言う

---

111 ☐ **speak**
[spíːk | スピーク]
過去 spoke
過分 spoken
A1

動〈言葉を〉話す, しゃべる
関連 speaker 話し手

---

112 ☐ **language**
[lǽŋgwidʒ | らぁングウィッチ]
A1

名言語

---

113 ☐ **question**
[kwéstʃən | クウェスチョン]
A1

名質問
対義 answer 答え

数・量

114 ☐ **many**
[méni | メニ]
比較 more
最上 most
A1

形たくさんの(◆ 数えられる名詞の前で用いる)
対義 few ほとんど…ない

---

115 ☐ **much**
[mátʃ | マッチ]
比較 more
最上 most
A1

A1 形多量の(◆ 数えられない名詞の前で用いる)
対義 little ほとんど…ない
A1 副とても, 大いに

---

116 ☐ **only**
[óunli | オウンり]
発音

A1 形唯一の
A1 副ただ…だけ

---

117 ☐ **second**¹
[sékənd | セカンド]
A1

形第 2 の, 2 番目の

---

118 ☐ **hundred**
[hándrəd | ハンドゥ
レッド]

A2 名100(◆ 具体的な数量を表す語とともに用いる場
合, 複数形の -s は付けない)
A2 形100 の

☑ **チャンク** tell **the news**   そのニュースを伝える
☑ Please **tell** him **to** come here.   ▶ここに来るように彼に言ってください.

☑ **チャンク** speak **English well**   上手に英語を話す
☑ He **speaks** Spanish very well.   ▶彼はたいへん上手にスペイン語を話す.

☑ **チャンク** a foreign language   外国語
☑ I learned three foreign **languages**.   ▶私は3つの外国語を学んだ.

☑ **チャンク** answer a question   質問に答える
☑ Please answer my **questions**.   ▶私の質問に答えてください.

☑ **チャンク** in many countries   たくさんの国で
☑ **Many** things happened today.   ▶きょうはたくさんのことがあった.

☑ **チャンク** do not have much money   あまり多くのお金を持っていない
☑ We didn't have **much** snow last year.   ▶去年はあまり多くの雪が降らなかった.

☑ **チャンク** the only person   唯一の人
☑ I am the **only** Japanese in the class.   ▶クラスで日本人は私だけだ（⊜ 私は唯一の日本人だ）.

☑ **チャンク** the second floor   2階
☑ Women's clothes are on the **second** floor.   ▶婦人服売り場は2階にございます.

☑ **チャンク** two hundred   200
☑ Open your textbook to page two **hundred**.   ▶教科書の200ページを開いてください.

STAGE 1

性質・状態

119 ☑ **look**² 🔋p. 116 道場　　動 (様子などから)…に見える
[lúk | **る**ック]
A1

120 ☑ **wet**　　形 ぬれた, 湿った
[wét | **ウェ**ット]
A2

121 ☑ **dry**　　**A1**　形 乾いた, 乾燥した
[drái | **ドゥ**ライ]　　**A2**　動 …を乾かす

始まり・終わり

122 ☑ **begin**　　動 …を始める;始まる
[bigín | ビ**ギ**ン]　　関連 **beginning** 始まり
過去 **began**　　🔋 【begin *doing* [to *do*]】…しはじめる
過分 **begun**　　**A1**

123 ☑ **finish**　　動 …を終える;終わる
[fíniʃ | **ふ**ィニッシ]　　🔋 【finish *doing*】…し終える
（◆ ×finish to *do*とはいわない）
A1

124 ☑ **first**　　形 最初の;第 1 の
[fə́ːrst | **ふ**ア〜スト]
A1

125 ☑ **last**¹　　形 ❶ 最後の
[lǽst | **ら**ぁスト]　　❷ この前の
A2

126 ☑ **final**　　形 最終的な;最後の
[fáinl | **ふ**ァイヌる]　　関連 **finally** ついに
A2

127 ☑ **goal**　　名 ❶ (努力などの)目標
[góul | **ゴ**ゥる]　　❷ (サッカーなどの)ゴール
A1

STAGE 1

☑ チャンク **look like an egg** — 卵のように見える
☑ That cloud **looks** like a dog. ▶あの雲が犬みたいに見えるね.

☑ チャンク **a wet towel** — ぬれたタオル
☑ Take your **wet** clothes off. ▶ぬれた服を脱ぎなさい.

☑ チャンク **the dry season** — 乾季
☑ Is this paint **dry**? ▶このペンキは乾いてますか?

☑ チャンク **begin a meeting** — ミーティングを始める
☑ It **began raining** [**to rain**] on my way to school. ▶学校に行く途中,雨が降りはじめた.

☑ チャンク **finish my homework** — 宿題を終わらせる
☑ He **finished reading** the newspaper by noon. ▶彼は正午までに新聞を読み終えた.

☑ チャンク **the first day** — 初日（⊜ 最初の日）
☑ We visited Naha on the **first** day of our school trip. ▶修学旅行の初日,私たちは那覇を訪れた.

☑ チャンク **the last bus** — 最終バス
☑ I caught the **last** train. ▶私は最終列車に間に合った.

☑ チャンク **the final round** — （試合の）最終ラウンド
☑ She won the **final** point. ▶彼女は最終ポイントを取った.

☑ チャンク **the main goal** — 主要な目標
☑ What's your **main** goal? ▶あなたたちの主要な目標は何ですか?

建物・施設

128 ☑ **shop**
[ʃáp | シャップ]
A1 名店, …ショップ
B1 動買い物をする

129 ☑ **park**
[pá:rk | パーク]
名公園
A1

130 ☑ **garden**
[gá:rdn | ガードゥン]
名庭, 庭園
A1

131 ☑ **hospital**
[háspitl | ハスピトゥる]
名病院
A1

経済・ビジネス

132 ☑ **buy**
[bái | バイ]
過去・過分 bought
A1
動…を買う

133 ☑ **sell**
[sél | セる]
過去・過分 sold
A1
動…を売る

134 ☑ **rich**
[rítʃ | リッチ]
A1
形金持ちの, 裕福な

135 ☑ **poor**
[púər | プア]
A1
形 **1** 貧しい
2 かわいそうな

136 ☑ **money**
[mʌ́ni | マニ]
発音
A1
名お金

☐ **チャンク** **a cake shop** ケーキ屋
☐ I work part-time at a pet **shop**. ▶私はアルバイトでペットショップで働いて
いる.

☐ **チャンク** **walk in the park** 公園を散歩する
☐ We played in the **park** together. ▶私たちは公園でいっしょに遊んだ.

☐ **チャンク** **plants in the garden** 庭の植物
☐ Don't pick the flowers in the **garden**. ▶庭の花を摘んだらだめですよ.

☐ **チャンク** **be in the hospital** 入院している（◉ 病院の中にいる）
☐ He is in the **hospital** now. ▶現在, 彼は入院している.

☐ **チャンク** **buy a bike** 自転車を買う
☐ My father **bought** a watch for me. ▶父は私に腕時計を買ってくれた.

☐ **チャンク** **sell a ticket** チケットを売る
☐ They **sell** concert tickets at the store. ▶その店ではコンサートチケットを売って
いる.

☐ **チャンク** **rich people** 裕福な人々
☐ He became **rich** before thirty. ▶彼は 30 歳になる前に金持ちになった.

☐ **チャンク** **poor countries** 貧しい国々
☐ These organizations help **poor** ▶これらの組織は貧困家庭を支援している.
families.

☐ **チャンク** **spend money** お金を使う
☐ I had little **money** with me then. ▶そのとき, 私はお金をほとんど持ち合わせ
ていなかった.

STAGE 1

例文で覚える英熟語

137 ☑ **at first**	最初は，初めのうちは
138 ☑ **at last**	ついに，とうとう
139 ☑ **in those days**	その当時は，そのころは
140 ☑ **these days**	最近は，近ごろは
141 ☑ **a few ...**	いくらかの，少しの（◆数えられる名詞の前で用いる）
142 ☑ **a little ...**	多少の，いくらかの（◆数えられない名詞の前で用いる）
143 ☑ **a number of ...**	多数の…（◆数えられる名詞の前で用いる）
144 ☑ **by chance**	偶然に，たまたま
145 ☑ **far away**	はるか遠くに
146 ☑ **watch out**	気をつける，注意する
147 ☑ **look after ...**	…の世話をする
148 ☑ **look back**	■ （…を）振り返って見る（at ...） ② （…を）回想する（on ...）
149 ☑ **believe in ...**	■ …の存在を信じる ② …を信頼する
150 ☑ **to begin with**	（理由などを述べるとき）まず第一に

STAGE 1

☑ **At first** I couldn't eat *natto*, but now I like it very much.
▶最初は納豆が食べられませんでしたが, 今では大好物です.

☑ **At last** they found the child.
▶ついに彼らはその子どもを見つけた.

☑ Picasso lived in Paris **in those days**.
▶ピカソはその当時, パリに住んでいた.

☑ I've been very busy **these days**.
▶私は最近とても忙しい.

☑ I have **a few** friends in America.
▶私にはアメリカに数人の友だちがいる.

☑ There is **a little** water in the bottle.
▶びんには少しの水が入っている.

☑ **A number of** artists came to the event.
▶多数のアーティストがそのイベントに来た.

☑ I met her on the bus **by chance**.
▶私は偶然バスの中で彼女に会った.

☑ My brother lives **far away**.
▶兄は遠く離れた所に住んでいる.

☑ **Watch out!** The river is deep around here.
▶気をつけて! 川はこの辺りで深くなっているから.

☑ While my sister was out, I **looked after** her baby.
▶姉が外出している間, 私が赤ちゃんの世話をした.

☑ She **looked back at** me.
▶彼女は振り返って私を見た.

☑ I **believed in** Santa Claus when I was a child.
▶子どものころ, 私はサンタクロースの存在を信じていた.

☑ **To begin with**, I can't swim.
▶まず第一に, 私は泳げない.

go [góu | ゴゥ] →p. 34

コアイメージ「自分のいる場所から離れていく」

²1³ [go + 副詞]ランキング

☐ S313 **第1位** **go on** ▸ 先に進む，続く
☐ The meeting went on for three hours. ▸ その会議は3時間続いた.

☐ S314 **第2位** **go back** ▸ 帰る，戻る
☐ He went back home after 7 p.m. ▸ 彼は午後7時過ぎに家に帰った.

☐ S315 **第3位** **go out** ▸ 外へ出る，外出する
☐ He went out in the rain. ▸ 雨の中，彼は外へ出た.

☐ S316 **第4位** **go down** ▸ 降りる，下る
☐ My big sister went down from the second floor. ▸ 姉は2階から降りた.

☐ S317 **第5位** **go up** ▸ 上がる，上る
☐ A balloon is going up slowly. ▸ 風船がゆっくりと上がっていく.

come [kʌ́m | カム] →p. 34

コアイメージ 「自分のいる場所や話の中心になっている場所に移動する」

STAGE 1

②①③ [come + 副詞] ランキング（熟語は除く）

☐ S318 **第1位** come back ▶ 戻る

☐ Come back by six. ▶ 6時までに戻ってきなさい.

☐ S319 **第2位** come in ▶ 入る

☐ Please come in. ▶ どうぞお入りください.

☐ S320 **第3位** come on ▶ さあ，急いで

☐ Come on! The train is coming. ▶ さあ早く！ 電車が来ているよ.

☐ S321 **第4位** come up ▶ 近づく

☐ A dog came up to me. ▶ 犬が私に近づいてきた.

☐ S322 **第5位** come out ▶ 出る

☐ The book will come out next month. ▶ その本は来月出版される予定だ.

151 ☑ **bring** 🔖p. 189 [道場] 動 …を持ってくる；…を連れてくる
[bríŋ | ブリング]
[過去・過分] brought
A1

152 ☑ **take**[1] 🔖p. 188 [道場] 動 **1** …を持っていく；…を連れていく
[téik | テイク] **2** …を取る
[過去] took
[過分] taken
A1

153 ☑ **run** 動 走る
[rʌ́n | ラン] [関連] **runner** 走者
[過去] ran
[過分] run
A1

154 ☑ **walk** A1 動 歩く
[wɔ́ːk | ウォーク] A1 名 散歩

交通

155 ☑ **drive** A2 動 …を運転する
[dráiv | ドゥライヴ] [関連] **driver** 運転手
[過去] drove A1 名 ドライブ
[過分] driven

156 ☑ **street** 名 通り, 街路
[stríːt | ストゥリート]
A1

157 ☑ **road** 名 道路, 道
[róud | ロウド]
A2

158 ☑ **station** 名 駅
[stéiʃn | ステイション]
A1

159 ☑ **traffic** 名 交通
[trǽfik | トゥラぁふィック]
A2

☑ チャンク **bring your children** | あなたの子どもたちを連れてくる
☑ Please **bring** your camera. | ▶カメラを持ってきてくださいね.

☑ チャンク **take an umbrella** | 傘を持っていく
☑ I **took** them to the beach. | ▶私は彼らを浜辺に連れていった.

☑ チャンク **run slowly** | ゆっくり走る
☑ Don't **run** fast. | ▶速く走らないで.

☑ チャンク **walk back home** | 歩いて家に帰る
☑ I always **walk** to school. | ▶私はいつも歩いて学校に行く.

☑ チャンク **drive a bus** | バスを運転する
☑ Can you **drive** a car? | ▶あなたは車を運転することができますか？

☑ チャンク **walk along the street** | 通りを歩く
☑ A lot of people are walking along the **street**. | ▶たくさんの人が通りを歩いている.

☑ チャンク **drive along the road** | 道路を車で行く
☑ We drove along the **road** to Kagoshima. | ▶私たちは鹿児島までの道を車で行った.

☑ チャンク **at the station** | 駅で
☑ Let's meet at the **station** at two. | ▶2時に駅で会いましょう.

☑ チャンク **a traffic accident** | 交通事故
☑ A **traffic** accident happened yesterday near my school. | ▶きのう, 学校の近くで交通事故があった.

STAGE 1

道具・日用品

160 ☐ **paper**
[péipər | ペイパ]
A1

名❶ 紙
❷ 新聞(◆ newspaper よりくだけた語)

---

161 ☐ **glass**
[glǽs | グらぁス]
A1

名 (ガラス製の)コップ；ガラス

---

162 ☐ **dish**
[díʃ | ディッシ]
A1

名 皿；食器類(◆ 複数形 the dishes で用いる)

---

163 ☐ **map**
[mǽp | マぁップ]
A1

名 地図

動作

164 ☐ **stand**
[stǽnd | スタぁンド]
過去・過分 stood
A2

動❶ 立つ, 立っている(◆ しばしば up を伴う)
❷ …を我慢する

---

165 ☐ **sit**
[sít | スィット]
過去・過分 sat
A1

動 座る, 座っている(◆ しばしば down を伴う)

---

166 ☐ **open**
[óupn | オウプン]
A1
A1

A1 動 …をあける；開く
関連 **opening** 開始
形 あいている

---

167 ☐ **close**¹
[klóuz | クろウズ]
🎺 発音
A1

動 …を閉める；閉まる

---

168 ☐ **jump**
[dʒʌ́mp | ヂャンプ]
A1
B2

動 跳ぶ；…を飛び越える
名 跳ぶこと, ジャンプ

STAGE 1

☑ **チャンク** **a piece of** paper — 1 枚の紙
☑ Bob wrote his e-mail address on a piece of **paper**. ▶ボブは紙に自分の E メールアドレスを書いた.

☑ **チャンク** **a glass of** water — コップ 1 杯の水
☑ I drink a **glass** of milk every morning. ▶私は毎朝コップ 1 杯の牛乳を飲む.

☑ **チャンク** **do the** dishes — 皿を洗う
☑ I did the **dishes** after dinner. ▶私は夕食後に皿を洗った.

☑ **チャンク** **a map of** Japan — 日本地図
☑ Please bring a **map** of Australia. ▶オーストラリアの地図を持ってきてくださいね.

☑ **チャンク** **stand up** slowly — ゆっくりと立ち上がる
☑ **Stand up**, everyone. ▶みんな, 立ち上がって.

☑ **チャンク** **sit down** on the sofa — ソファーに座る
☑ I **sat down** on the sofa and relaxed. ▶私はソファーに座ってくつろいだ.

☑ **チャンク** **open the** door — ドアをあける
☑ Shall I **open** the window? ▶窓をあけましょうか?

☑ **チャンク** **close the** curtains — カーテンを閉める
☑ Please **close** the gate. ▶門を閉めてください.

☑ **チャンク** **jump into** the river — 川へ飛び込む
☑ The children **jumped** into the lake. ▶子どもたちは湖へ飛び込んだ.

教育・学習

169 ☑ **learn**
[lə́:rn | ら～ン]
A1

動 …を学ぶ, 習う

---

170 ☑ **read**
[rí:d | リード]
過去・過分 read
A1

動 …を読む；読書する(◆ 過去形・過去分詞の発音は [réd | レッド])
関連 reader 読者

---

171 ☑ **write**
[ráit | ライト]
過去 wrote
過分 written
A1

動 〈文字・文学作品などを〉書く
関連 writer 作家

---

172 ☑ **college**
[kálidʒ | カれッヂ]
A1

名 (単科)大学(◆ 「総合大学」は university)

コミュニケーション

173 ☑ **talk**
[tɔ́:k | トーク]
A1

動 話す, しゃべる

---

174 ☑ **mean**
[mí:n | ミーン]
過去・過分 meant
A1

動 …を意味する
関連 meaning 意味

---

175 ☑ **speech**
[spí:tʃ | スピーチ]
A1

名 スピーチ, 演説

---

176 ☑ **e-mail**
[í:mèil | イーメイる]
A1

名 E メール

---

177 ☑ **communication**
[kəmjù:nikéiʃn | コミューニケイション]
A2

名 コミュニケーション

☑ チャンク **learn French** | フランス語を学ぶ
☑ Bob is **learning** Japanese. | ▶ボブは日本語を学んでいる.

☑ チャンク **read a book** | 本を読む
☑ She is **reading** a book under the tree. | ▶彼女は木陰で本を読んでいる.

☑ チャンク **write a letter** | 手紙を書く
☑ Please **write** your name here. | ▶ここにお名前をお書きください.

☑ チャンク **go to college** | 大学へ行く
☑ I didn't go to **college**. | ▶私は大学へ行かなかった.

☑ チャンク **talk about music** | 音楽について話す
☑ We **talked** about the singer's new album. | ▶私たちはその歌手の新作アルバムについて話した.

☑ チャンク **What do you mean?** | それはどういう意味ですか？
☑ The Japanese word "hon" **means** "book" in English. | ▶日本語の「本」は英語の "book" を意味する.

☑ チャンク **a welcome speech** | 歓迎のスピーチ
☑ He made a **speech** on friendship. | ▶彼は友情についてスピーチをした.

☑ チャンク **check my e-mail** | E メールをチェックする
☑ I got three **e-mails** today. | ▶きょうは E メールが3通来た.

☑ チャンク **communication skills** | コミュニケーション能力
☑ We need more **communication** with foreign people. | ▶私たちはもっと外国人とコミュニケーションを図る必要がある.

動植物

178 ☐ **human**
[hjúːmən | ヒューマン]
A2

形 人間の

179 ☐ **animal**
[ǽnəml | あニムる]
A1

名 動物

180 ☐ **plant**
[plǽnt | プらぁント]
A2
B1

名 ❶ 植物
　 ❷ (大規模な)工場
動 …を植える

181 ☐ **wood**
[wúd | ウッド]
A2

名 ❶ 木材
　 ❷ 森, 林(◆ 複数形で)

宇宙

182 ☐ **space**
[spéis | スペイス]
A2

名 ❶ 宇宙(空間)
　 ❷ 余地, スペース

183 ☐ **sun**
[sʌ́n | サン]
A1

名 太陽

184 ☐ **earth**
[ə́ːrθ | ア～す]
A2

名 地球

185 ☐ **moon**
[múːn | ムーン]
A1

名 (天体の)月

186 ☐ **planet**
[plǽnit | プらぁネット]
A2

名 惑星(◆ 太陽などの「恒星」は star)

☑ **チャンク** the human **body**　　人体（◉ 人間の体）
☐ The **human** body has many mysteries.　▶人体には多くのなぞがある.

☑ **チャンク** wild **animals**　　野生動物
☐ How can we protect wild **animals**?　▶私たちはどうすれば野生動物を保護することができるだろうか？

☑ **チャンク** plants **and animals**　　動植物（◉ 植物と動物）
☐ Most **plants** need light and water.　▶ほとんどの植物には光と水が必要だ.

☑ **チャンク** a piece of **wood**　　木片（◉ 木材のかけら）
☐ You can use these pieces of **wood**.　▶あなたたちはこれらの木片を使うことができます.

☑ **チャンク** go into **space**　　宇宙へ行く
☐ He went into **space** twice.　▶彼は2度宇宙へ行った.

☑ **チャンク** the morning **sun**　　朝日（◉ 朝の太陽）
☐ She is running in the morning **sun**.　▶彼女は朝日を浴びて走っている.

☑ **チャンク** live on the **earth**　　地球に暮らす
☐ About seven billion people live on the **earth**.　▶約70億の人間が地球に暮らしている.

☑ **チャンク** a full **moon**　　満月
☐ The **moon** is shining in the night sky.　▶月が夜空に輝いている.

☑ **チャンク** a small **planet**　　小さな惑星
☐ Mars is a small **planet**.　▶火星は小さな惑星だ.

STAGE 1

例文で覚える英単語

187 ☑ **today**
[tədéi | トゥ**デ**イ]
- A1 副 きょう (は)
- A1 名 きょう

188 ☑ **tomorrow**
[təmárou | トゥ**マ**ロウ]
- A1 副 あした (は)
- A1 名 あした

189 ☑ **yesterday**
[jéstərdèi | **イェ**スタデイ]
- A1 副 きのう (は)
- 名 きのう

190 ☑ **will**
[wíl | **ウィ**ル]
- A1 助 … (となる) だろう (◆ 短縮形は'll)
- B2 名 意志

191 ☑ **may**
[méi | **メ**イ]
- 助 ❶ …してもよい
- A1 ❷ …かもしれない

192 ☑ **should**
[ʃúd | **シュ**ッド]
- 助 …すべきである
- A1

193 ☑ **must**
[mʌ́st | **マ**スト]
- 助 ❶ …しなければならない
- A1 ❷ …に違いない

194 ☑ **few**
[fjúː | **ふュ**ー]
- 形 ほとんど…ない (◆数えられる名詞の前で用いる)
- A2

195 ☑ **how**
[háu | **ハ**ウ]
- 副 どうやって
- A1

196 ☑ **what**
[hwʌ́t | (ホ)**ワ**ット]
- A1 代 何
- A1 形 何の

197 ☑ **when**
[hwén | (ホ)**ウェ**ン]
- A1 副 いつ
- A1 接 …のときに

198 ☑ **where**
[hwéər | (ホ)**ウェ**ア]
- A1 副 どこに

199 ☑ **please**
[plíːz | **プ**リーズ]
- A1 副 どうぞ (◆命令文で)
- B1 動 …を喜ばせる

200 ☑ **Let's**
[léts | **れ**ッツ]
- 動 …しよう (◆動詞の原形を伴う)

□ I'm busy today. ▶私は，きょうは忙しい.

☑ "Good-bye!"　　　　　　　　　　　▶「さようなら！」
"See you tomorrow!"　　　　　　　　「またあしたね！」

☑ I bought this book yesterday. ▶私はきのうこの本を買った.

☑ I'll [I will] be seventeen next month. ▶私は来月 17 歳になる.

☑ You may sit or stand. ▶座っても立っていてもいいですよ.

□ You should have breakfast every ▶あなたは毎朝，朝食をとるべきだ.
morning.

☑ I must go now. ▶もう行かなくては.

☑ Few people in my class know the ▶私のクラスにはその俳優の名前を知って
actor's name. いる人がほとんどいない.

☑ How did you go there? ▶どうやってそこに行ったのですか？

☑ What is this? ▶これは何ですか？

☑ When is your birthday? ▶あなたの誕生日はいつですか？

☑ Where do you live? ▶あなたはどこに住んでいるのですか？

☑ Please take a seat. ▶どうぞお座りください.

☑ Let's go to the concert together. ▶いっしょにコンサートに行こうよ.

STAGE 1

79

2. 身体

体 Body

頭部 Head

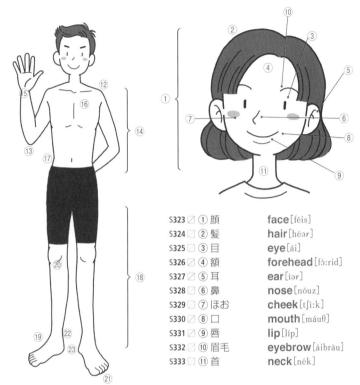

S323	① 顔	face [féis]
S324	② 髪	hair [héər]
S325	③ 目	eye [ái]
S326	④ 額	forehead [fɔ́:rid]
S327	⑤ 耳	ear [íər]
S328	⑥ 鼻	nose [nóuz]
S329	⑦ ほお	cheek [tʃí:k]
S330	⑧ 口	mouth [máuθ]
S331	⑨ 唇	lip [líp]
S332	⑩ 眉毛	eyebrow [áibràu]
S333	⑪ 首	neck [nék]

S334	⑫ 肩	shoulder [ʃóuldər]
S335	⑬ ひじ	elbow [élbou]
S336	⑭ 腕	arm [á:rm]
S337	⑮ 手首	wrist [ríst]
S338	⑯ 胸	chest [tʃést]
S339	⑰ ウエスト, 腰	waist [wéist]
S340	⑱ 脚	leg [lég]
S341	⑲ 足	foot [fút]
S342	⑳ ひざ	knee [ní:]
S343	㉑ つま先	toe [tóu]
S344	㉒ 足首	ankle [ǽŋkl]
S345	㉓ かかと	heel [hí:l]

STAGE 2

平均単語レベル
高校基礎

建物・施設

201 ☐ **factory**
[fǽktri | ふぁクトリ]
A1

名工場

202 ☐ **museum**
[mju:zí:əm | ミューズィーアム] アクセント
A2

名❶ 博物館
❷ 美術館

203 ☐ **church**
[tʃə́:rtʃ | チャ〜チ]
A1

名教会

204 ☐ **temple**
[témpl | テンプる]
A1

名寺(院), 神殿

衣料

205 ☐ **wear**
[wéər | ウェア]
過去 wore
過分 worn
A1

動…を身につけている(◆「身につける」という動作は put on)

206 ☐ **clothes**
[klóuz | クろウズ]
A1

名衣服

207 ☐ **tie**
[tái | タイ]
A2
B1

名ネクタイ(◆米国では necktie ともいう)
動…を結びつける

208 ☐ **uniform**
[jú:nəfɔ̀:rm | ユーニふォーム]
A2

名制服, ユニフォーム

209 ☐ **shoe**
[ʃú: | シュー] 発音
A1

名靴(◆通例複数形で用いる)

☑ **チャンク a car factory** 自動車工場

☑ My brother works in a **factory**. ▶私の兄は工場で働いている.

☑ **チャンク the British Museum** 大英博物館

☑ We went to the science **museum** last week. ▶先週, 私たちはその科学博物館に行った.

☑ **チャンク an old church** 古い教会

☑ Can you see an old **church** across the river? ▶川の向こうの古い教会が見えますか?

☑ **チャンク the Todaiji Temple** 東大寺

☑ We visited some old **temples** in Nara. ▶私たちは奈良の古い寺を訪れた.

☑ **チャンク wear jeans** ジーンズをはいている

☑ The musician always **wears** jeans and a T-shirt. ▶そのミュージシャンはいつもジーンズと Tシャツを身につけている.

☑ **チャンク change clothes** 着替える(⬛ 衣服を替える)

☑ We changed **clothes** after we played soccer. ▶私たちはサッカーをした後, 着替えた.

☑ **チャンク wear a tie** ネクタイを着用する

☑ You can take off your **tie**. ▶ネクタイをはずしてもいいですよ.

☑ **チャンク a school uniform** 学校の制服

☑ I put on my school **uniform** and ran to the station. ▶私は学校の制服を着ると駅まで走った.

☑ **チャンク put on my shoes** 靴を履く

☑ He put on his new **shoes** and went out. ▶彼は新しい靴を履いて出かけた.

STAGE 2

83

場所

210 □ place
[pléis | プれイス]
A1
名場所

211 □ area
[éəriə | エ(ア)リア]
A2
名地域, 区域

212 □ ground
[gráund | グラウンド]
A1
名地面；グラウンド

213 □ address
[ǽdres | あドゥレス]
A1
名住所；(Eメールなどの)アドレス

経済・ビジネス

214 □ job
[dʒáb | ヂャブ]
A1
名職

215 □ office
[ɔ́:fis | オーふィス]
A1
名(建物としての)会社, 事務所

216 □ business
[bíznəs | ビズネス]
A1
名業務

217 □ work
[wə́:rk | ワ〜ク]
p. 260 道場
A1 動働く
　　対義 play 遊ぶ
A1 名仕事

218 □ pay
[péi | ペイ]
過去・過分 paid
A1
動〈代金などを〉支払う

☐ チャンク **a quiet** place
静かな場所

☐ This park is a good **place** for walking. ▶この公園は散歩をするのにいい場所だ.

☐ チャンク **a large** area
広い地域

☐ It rained over a large **area** of East Japan yesterday.
▶きのうは東日本の広い地域で雨が降った.

☐ チャンク **sit on the** ground
地面に腰を下ろす

☐ We sat on the **ground** and drank water.
▶私たちは地面に腰を下ろし, 水を飲んだ.

☐ チャンク **your e-mail** address
あなたの E メールアドレス

☐ What is your **address**? ▶住所はどちらですか?

STAGE 2

☐ チャンク **find a** job
職を見つける

☐ My sister got a **job** as a news reporter.
▶姉は報道記者の職を得た.

☐ チャンク **go to the** office
出勤する(圖 会社へ行く)

☐ My father goes to the **office** early in the morning.
▶父は朝早くに出勤する.

☐ チャンク **a business** trip
出張(圖 業務のための旅行)

☐ Eliza is on a **business** trip now. ▶イライザは現在, 出張中だ.

☐ チャンク **work as a** doctor
医者として働く

☐ She **works** as a model for a fashion magazine.
▶彼女はファッション誌のモデルをしている (圖 モデルとして働いている).

☐ チャンク **pay in** dollars
ドルで支払う

☐ I **paid** 400 yen for a cup of coffee. ▶私は 1 杯のコーヒーに 400 円支払った.

85

大きさ・形

219 ☐ **big**
[bíg | ビッグ]
A1

形 大きい

220 ☐ **small**
[smɔ́:l | スモーる]
A1

形 **1** 小さい
2 幼い

221 ☐ **long**
[lɔ́:ŋ | ろーンッ]
A1

形 長い
関連 **length** 長さ

222 ☐ **short**
[ʃɔ́:rt | ショート]
A1

形 **1** 短い
2 背の低い

知識・発見

223 ☐ **know**
[nóu | ノウ]
過去 knew
過分 known
A1

動 …を知っている
関連 **knowledge** 知識

224 ☐ **find**¹　⚲p. 92 道場
[fáind | ふァインド]
過去・過分 found
A1

動 …を見つける
対義 **lose** なくす

225 ☐ **understand**
[ʌ̀ndərstǽnd | アンダスタぁンド]
過去・過分 understood　A2

動 …を理解する

226 ☐ **remember**
[rimémbər | リメンバ]
A1

動 …を覚えている；…を思い出す

227 ☐ **forget**
[fərgét | ふォゲット]
過去 forgot
過分 forgot, forgotten
A1

動 …を忘れる

☑ チャンク **a big tree**　　　　　　　大きな**木**
☑ This sweater is too **big** for me.　▶このセーターは私には大きすぎる.

☑ チャンク **a small room**　　　　　　小さな**部屋**
☐ The fish is very **small**.　　　　▶その魚はとても小さい.

☑ チャンク **a long road**　　　　　　　長い**道**
☐ I took a **long** vacation.　　　　▶私は長期休暇を取った.

☑ チャンク **short hair**　　　　　　　短い**髪**
☐ She wrote the report in a **short** time.　▶彼女は短時間でその報告書を書いた.

☑ チャンク **know the song**　　　　　その歌**を知っている**
☐ Do you **know** his cell phone number?　▶あなたは彼の携帯電話の番号を知っていますか?

☑ チャンク **find a way**　　　　　　　方法**を見つける**
☑ I **found** my house key under the desk.　▶私は机の下に家のかぎを見つけた.

☑ チャンク **understand Italian**　　　イタリア語**を理解する**
☐ I don't **understand** the meaning of this word.　▶この単語の意味が分かりません.

☑ チャンク **remember the password**　パスワード**を思い出す**
☐ I still **remember** the words of the song.　▶私は今でもその歌の歌詞を覚えている.

☑ チャンク **forget the name**　　　　名前**を忘れる**
☐ I **forget** the man's name.　　　▶私はその男の名前を忘れてしまった.

STAGE 2

87

自然・環境

228 ☑ **air**
[éər | エア]
A2

名 空気

229 ☑ **sky**
[skái | スカイ]
A1

名 空

230 ☑ **forest**
[fɔ́:rist | ふォーレスト]
A2

名 森

231 ☑ **wave**
[wéiv | ウェイヴ]
A2
B1

名 波
動 …を振る

回 数・頻 度

232 ☑ **always**
[ɔ́:lweiz | オーるウェイズ]
A1

副 いつも, 常に

233 ☑ **usually**
[jú:ʒuəli | ユージュアり]
A1

副 たいてい, ふつうは

234 ☑ **often**
[ɔ́(:)fn | オ(ー)ふン]
A1

副 よく, しばしば

235 ☑ **sometimes**
[sʌ́mtàimz | サムタイムズ]
B1

副 時々

236 ☑ **never**
[névər | ネヴァ]
A1

副 **1** 一度も…ない
2 決して…ない(◆not よりも意味が強い)

☑ チャンク **clean** air
きれいな空気

☑ I opened the window for some fresh **air**.
▶私は新鮮な空気を入れるために窓をあけた.

☑ チャンク the night **sky**
夜空

☑ A lot of birds are flying in the blue **sky**.
▶青空に鳥がたくさん飛んでいる.

☑ チャンク live in the **forest**
森の中に住む

☑ They walked in the **forest** for three days.
▶彼らは3日間森の中を歩いた.

☑ チャンク play in the **waves**
波とたわむれる

☑ The children are playing in the **waves**.
▶子どもたちは波とたわむれている.

STAGE 2

☑ チャンク **always** go to bed at ten
いつも10時に床につく

☑ I **always** get up at six.
▶私はいつも6時に起きる.

☐ チャンク **usually** walk to school
たいてい**徒歩で通学する**

☑ I **usually** go to school by bike.
▶私はたいてい自転車で通学する.

☑ チャンク **often** go to the museum
よく**その博物館へ行く**

☑ I **often** go to karaoke with my girlfriend.
▶私はよくガールフレンドとカラオケに行く.

☑ チャンク **sometimes** eat out
時々**外食する**

☑ My family **sometimes** eats at that restaurant.
▶私の家族は時々そのレストランで食事をする.

☐ チャンク **have never** been to China
中国に行ったことが一度もない

☑ I have **never** visited Canada before.
▶私はこれまでカナダを訪れたことが一度もない.

例文で覚える英熟語

237 ☑ **first of all**	まず始めに
238 ☑ **a pair of ...**	一対の…，一組の…
239 ☑ **a piece of ...**	1つの…（◆ 数えられない名詞の前で用いる）
240 ☑ **on business**	仕事で
241 ☑ **run away**	逃げる
242 ☑ **take off**	■〈飛行機などが〉離陸する ■〈服・靴などを〉脱ぐ
243 ☑ **work out**	〈問題などを〉解決する
244 ☑ **write to ...**	…に手紙を書く
245 ☑ **had better** *do*	…すべきだ（◆shouldよりも命令的な意味合いが強い）
246 ☑ **have a good time**	楽しい時を過ごす
247 ☑ **for the first time**	初めて
248 ☑ **for a long time**	長い間
249 ☑ **Will you** *do*?	…してくれますか
250 ☑ **You're welcome.**	どういたしまして

STAGE 2

☑ **First of all**, I'd like to introduce myself.	▶まず始めに，私の自己紹介をしたいと思います．
☑ She bought **a pair of** shoes at the store.	▶彼女はその店で靴を1足（直1対の靴を）買った．
☑ My father gave me **a piece of** advice.	▶父は私に1つアドバイスをしてくれた（直1つのアドバイスを与えた）．
☑ My mother went to Sapporo **on business** last week.	▶母は先週，仕事で札幌に行った．
☐ They **ran away** from the town.	▶彼らは町から逃げ出した．
☐ The plane will **take off** at three.	▶その飛行機は3時に離陸する予定だ．
☑ We **worked out** the problem with her help.	▶私たちは彼女の助けを借りてその問題を解決した．
☑ Please **write to** me sometimes.	▶たまには私に手紙を書いてくださいね．
☑ You **had better** see a doctor.	▶君は医者に診(み)てもらうべきだ．
☑ We **had a good time** at his house.	▶私たちは彼の家で楽しい時を過ごした．
☐ I talked with Lisa **for the first time** yesterday.	▶きのう，ぼくは初めてリサと話した．
☑ We've been friends **for a long time**.	▶私たちは古くからの（直長い間）友人どうしです．
☑ **Will you** marry me?	▶私と結婚してくれますか？
☑ "Thank you for your help." "**You're welcome**."	▶「手伝ってくれてありがとう」「どういたしまして」

find [fáind | ふァインド] →p. 86

コアイメージ 「探していたものを見つける」

❷❶❸ [find it + 形容詞 + to *do*] ランキング

☑ S346 **第1位** **find it difficult to** *do*	▶ …することが困難だと分かる	
☐ I found it difficult to solve the problem.	▶ 私はその問題を解決することが難しいと分かった.	

☑ S347 **第2位** **find it hard to** *do*	▶ …することが難しいと分かる	
☐ I found it hard to get a new job.	▶ 私は新しい仕事を得ることが難しいと分かった.	

☑ S348 **第3位** **find it impossible to** *do*	▶ …することが不可能だと分かる	
☐ My father found it impossible to repair his bike by himself.	▶ 私の父は自転車を自分で修理することが不可能だと分かった.	

☑ S349 **第4位** **find it easy to** *do*	▶ …することがやさしいと分かる	
☐ I found it easy to climb the tree.	▶ 私はその木に登ることがやさしいと分かった.	

☑ S350 **第5位** **find it necessary to** *do*	▶ …することが必要だと分かる	
☐ She found it necessary to study English every day.	▶ 彼女は英語を毎日勉強することが必要だと分かった.	

feel [fíːl | ふィーる] →p. 52

コアイメージ 「触って，または心で感じる」

STAGE 2

2 1 3 [feel + 形容詞]ランキング

☑ S351 第1位 feel better ▶（病気の症状などが）よくなる

☑ The patient felt better after taking the medicine. ▶ その患者は薬を飲んだ後に（症状が）よくなった．

☑ S352 第2位 feel sorry ▶ 気の毒に思う

☑ The woman felt sorry for the poor old man. ▶ 女性はその貧しい老人を気の毒に思った．

☑ S353 第3位 feel guilty ▶ 罪悪感を覚える

☑ I feel guilty about lying. ▶ 私は嘘をついたことに罪悪感を覚えている．

☑ S354 第4位 feel good ▶ 気分がいい

☑ I feel good today. ▶ 今日，私は気分がいい．

☑ S355 第5位 feel comfortable ▶ 快適である

☑ I feel comfortable in this sweatshirt. ▶ このスウェットを着ると快適だ．

93

創造・破壊

251 ☑ **make**¹　⚗p. 212 [道場]
[méik | **メイク**]
[過去・過分] made
A1

動 **1** …を作る
2 〈金などを〉得る, 稼ぐ

---

252 ☑ **break**
[bréik | **ブレイク**]
[過去] broke
[過分] broken
A1
A2

動 …をこわす；こわれる
名 休憩

---

253 ☑ **build**
[bíld | **ビ**るド]
[過去・過分] built
A1

動 …を建てる, 建設する
[関連] building 建物

---

254 ☑ **cut**
[kʌ́t | **カ**ット]
[過去・過分] cut
A1

動 …を切る

程度

255 ☑ **almost**
[ɔ́:lmoust | **オー**るモウスト]
A1

副 ほとんど

---

256 ☑ **really**
[rí:əli | **リー**(ア)り]
A1

副 本当に
[関連] real 現実の

---

257 ☑ **hard**¹
[háːrd | **ハー**ド]
A1

副 熱心に, 一生懸命に

---

258 ☑ **every**
[évri | **エ**ヴリ]
A1

形 **1** 毎…, …ごとに
2 どの…もみな

---

259 ☑ **each**
[íːtʃ | **イー**チ]
A1

形 それぞれの

☑ チャンク **make a cake** | ケーキを作る
☑ My mother **made** a birthday cake for me. | ▶母が私に誕生日ケーキを作ってくれた.

☑ チャンク **break a dish** | 皿を割る
☑ "Who **broke** the window?" "I did." | ▶「窓を割ったのはだれですか?」「ぼくです」

☑ チャンク **build a church** | 教会を建てる
☑ I will **build** a new house next year. | ▶私は来年新しい家を建てる予定だ.

☑ チャンク **cut a grapefruit in half** | グレープフルーツを半分に切る
☑ Please **cut** the pizza in half. | ▶ピザを半分に切ってください.

☑ チャンク **almost everything** | ほとんどすべて
☑ We sold **almost** everything at the flea market. | ▶私たちはフリーマーケットでほとんどすべての品物を売り切った.

☑ チャンク **a really good movie** | 本当によい映画
☑ It was a **really** long day today. | ▶きょうは本当に長い1日だった.

☑ チャンク **study hard** | 熱心に勉強する
☑ She studied very **hard** to be a doctor. | ▶彼女は医者になるために熱心に勉強した.

☑ チャンク **every day** | 毎日
☑ My sister buys the fashion magazine **every** month. | ▶姉は毎月, そのファッション雑誌を買う.

☑ チャンク **each student** | それぞれの学生
☑ **Each** student has his or her own computer in this school. | ▶この学校では, それぞれの学生が自分のコンピュータを持っている.

STAGE 2

暦・カレンダー

260 ☐ **year**
[jíər | イア]
A1

名年, 1年(◆年齢を言う場合にも用いる)

261 ☐ **month**
[mʌ́nθ | マンす]
A1

名(暦の)月, 1か月

262 ☐ **week**
[wíːk | ウィーク]
A1

名週, 1週間
関連 **weekend** 週末

263 ☐ **birthday**
[bə́ːrθdèi | バ〜すデイ]
A1

名誕生日
関連 **birth** 誕生

集 団・集 まり

264 ☐ **join**
[dʒɔ́in | ヂョイン]
A1

動…に加わる, 参加する

265 ☐ **group**
[grúːp | グループ]
A1

名グループ, 団体

266 ☐ **team**
[tíːm | ティーム]
A1

名チーム

267 ☐ **member**
[mémbər | メンバ]
A2

名メンバー, 一員
関連 **membership** メンバーシップ

268 ☐ **together**
[təgéðər | トゥゲざ]
A1

副いっしょに

☑ チャンク **five years ago**　　　　5年前に
☐ I'm going to visit the U.S. next **year**.　▶私は来年，米国を訪れる予定だ.

☑ チャンク **next month**　　　　来月
☐ My sister will be twenty years old next **month**.　▶姉は来月20歳になる.

☑ チャンク **last week**　　　　先週
☐ I went to Kyoto last **week**.　▶私は先週京都へ行った.

☑ チャンク **Happy birthday to you!**　誕生日おめでとう！
☐ I bought a **birthday** present for Ann.　▶私はアンに誕生日プレゼントを買った.

☑ チャンク **May I join you?**　　　私も加わっていいですか？
☐ I'm going to **join** the local soccer club.　▶私は地元のサッカークラブに加わるつもりだ.

☑ チャンク **a volunteer group**　　ボランティアグループ
☐ He joined the volunteer **group**.　▶彼はそのボランティアグループに加わった.

☑ チャンク **a baseball team**　　　野球チーム
☐ I'm on the dance **team**.　▶私はそのダンスチームの一員だ.

☑ チャンク **a member of the art club** 美術部のメンバー
☐ My brother is a **member** of the tennis club.　▶兄はテニス部のメンバーだ.

☑ チャンク **go together**　　　　いっしょに行く
☐ Let's go to the festival **together**!　▶いっしょにお祭りに行こうよ！

STAGE 2

心·感情

269 ☐ **heart** [háːrt｜ハート] 🎺 発音 A1	**名❶** 心, 気持ち **❷** 心臓	

270 ☐ **smile** [smáil｜スマイる]	A1 B1	**名** ほほえみ **動** ほほえむ

271 ☐ **dream** [dríːm｜ドゥリーム]	A1 A2	**名** (睡眠中の, または心に描く将来の)夢 **動** 夢を見る

272 ☐ **happy** [hǽpi｜ハぁピ] A1	**形** 幸せな, うれしい **対義** sad 悲しい 👉 **[be happy to** *do*] …してうれしい	

行為·行動

273 ☐ **do** [dúː｜ドゥー] **過去** did **過分** done	A1	**動** …をする

274 ☐ **try** [trái｜トゥライ]	A2	**動❶** …を試みる 👉 **[try to** *do*] …しようと試みる **❷** (短期間)…を試す

275 ☐ **collect** [kəlékt｜コれクト]	A1	**動** …を集める **関連** collection 収集

276 ☐ **set** [sét｜セット] **過去·過分** set	A1 A2	**動** …を置く;〈日時などを〉決める **名** 一式, セット

277 ☐ **way** [wéi｜ウェイ]	A1	**名❶** 方法, やり方 **❷** 道

☑ チャンク **have a warm** heart
温かい心をもっている
☑ He has a kind **heart**.
▶彼は優しい心の持ち主だ.

☑ チャンク **with a** smile
ほほえんで
☑ She said goodbye with a **smile**.
▶彼女はほほえんでさよならを言った.

☑ チャンク **have a** dream
夢を見る[夢がある]
☑ I had a strange **dream** last night.
▶昨夜, 私は奇妙な夢を見た.

☑ チャンク **a happy** ending
幸せな結末
☑ I'm **happy to** know that you like me.
▶あなたが私のことを好きだと知ってうれしく思います.

☑ チャンク **do my** job
自分の仕事をする
☑ **Do** your homework right now!
▶今すぐ宿題をやりなさい!

☑ チャンク **try my** best
自分のベストを尽くす
☑ We **tried to** start our club's website.
▶私たちは部のウェブサイトを立ち上げることを試みた.

☑ チャンク **collect** watches
腕時計を集める
☑ I **collect** uniforms of soccer teams.
▶私はサッカーチームのユニフォームを集めている.

☑ チャンク **set the vase on the table** テーブルの上に花びんを置く
☑ Who **set** that vase on the table? It's nice!
▶だれがあの花びんをテーブルの上に置いたの? すてきね!

☑ チャンク **the best** way
最良の方法
☑ To repeat is the best **way** to learn English.
▶繰り返しが英語を身につける最良の方法だ.

STAGE 2

99

LESSON 9

明暗

278 ☐ **light**¹
[láit | ライト]
🔊 発音

A1 名 光, 明かり
　対義 shadow 影

A1 形 明るい

279 ☐ **bright**
[bráit | ブライト]
🔊 発音
A1

形 ❶ 輝いている, 明るい
　関連 brightly 明るく
❷〈色などが〉鮮やかな

280 ☐ **dark**
[dá:rk | ダーク]
A1

形 ❶ 暗い
❷〈色が〉濃い

281 ☐ **shine**
[ʃáin | シャイン]
過去・過分 shone
A2

動 輝く, 光る

暦・カレンダー

282 ☐ **season**
[sí:zn | スィーズン]
B1

名 季節, シーズン

283 ☐ **date**
[déit | デイト]
A1

名 ❶ 日付；日時
❷ デート(の約束)

284 ☐ **holiday**
[hálədèi | ハりデイ]
A1

名 ❶ 祝日, 休日(◆土曜日や日曜日は含まない)
❷ 休暇

285 ☐ **vacation**
[veikéiʃn | ヴェイケイション]
🔊 発音
A1

名 休暇(◆holiday❷と同義)

286 ☐ **century**
[séntʃəri | センチュリ]
A2

名 世紀

☑ チャンク **strong** light 強い光

☑ I saw the strong light and closed my eyes. ▶強い光を見て私は目をつぶった.

☑ チャンク **bright** stars 輝いている星々

☑ We looked up at the bright stars together. ▶ぼくたちはいっしょに輝いている星々を見上げた.

☑ チャンク a **dark** room 暗い部屋

☑ It's getting dark outside. ▶外が暗くなってきましたよ.

☑ チャンク shine **brightly** 明るく輝く

☑ The sun is shining brightly in the sky. ▶空に太陽が明るく輝いている.

☑ チャンク the four **seasons** 四季

☑ "Which season do you like best?" "I like fall best." ▶「どの季節がいちばん好きですか?」「秋です」

☑ チャンク my **date** of birth 私の生年月日(🔲 生まれた日)

☑ What is your date of birth? ▶あなたの生年月日はいつですか?

☑ チャンク a national **holiday** 国民の祝日

☑ Next Monday is a national holiday. ▶今度の月曜日は国民の祝日だ.

☐ チャンク Christmas **vacation** クリスマス休暇

☑ What will you do during the Christmas vacation? ▶クリスマス休暇の間は何をするつもりですか?

☐ チャンク in the 20th **century** 20世紀に

☑ The painter was born in the 19th century. ▶その画家は19世紀に生まれた.

STAGE 2

例文で覚える英熟語

287 ☑ **one by one**	1つ[1人]ずつ	
288 ☑ **be made from ...**	…から作られる （◆材料の質が加工により変化する場合）	
289 ☑ **be made of ...**	…でできている （◆材料の質は変化せず，形が変わる場合）	
290 ☑ **remember to** *do*	忘れずに…する	
291 ☑ **remember** *do***ing**	…したのを覚えている	
292 ☑ **forget to** *do*	…するのを忘れる	
293 ☑ **forget** *do***ing**	…したことを忘れる	
294 ☑ **get together**	〈人が〉集まる	
295 ☑ **get to ...**	…に到着する，着く	
296 ☑ **stand by ...**	…の味方をする	
297 ☑ **not always ...**	いつも…するとは限らない （◆部分否定を表す）	
298 ☑ **thanks to ...**	…のおかげで	
299 ☑ **would like ...**	…が欲しい	
300 ☑ **would like to** *do*	…したいのですが	

☑ **One by one** the students introduced themselves.
▶生徒たちは 1 人ずつ自己紹介した.

☑ Cheese **is made from** milk.
▶チーズは牛乳から作られる.

☐ This table **is made of** wood.
▶このテーブルは木でできている.

☑ **Remember to** send her an e-mail.
▶忘れずに彼女に E メールを送ってね.

☑ I **remember coming** here once.
▶私はかつてここへ来たのを覚えている.

☑ I **forgot to** call Emma last night.
▶昨夜, エマに電話するのを忘れてしまった.

☑ I will never **forget buying** this guitar.
▶このギターを買ったときのことは決して忘れない.

☐ Let's **get together** next Saturday.
▶今度の土曜日に集まろうよ.

☐ What time did you **get to** the station?
▶何時に駅に到着したのですか？

☐ Bill always **stood by** me when I was young.
▶少年時代, ビルはいつも私の味方だった.

☑ I do **not always** agree with my coach.
▶私はいつもコーチと意見が一致するとは限らない.

☑ I was able to finish my homework **thanks to** her help.
▶彼女が手伝ってくれたおかげで宿題を終えることができた.

☑ I **would like** this shirt.
▶(店で) このシャツが欲しいのですが.

☐ I **would like to** take a rest.
▶少し休みたいのですが.

STAGE 2

103

① Scene 3 駅 At the Train Station

S356 ☑ ①定期券
commuter pass
[kəmjúːtər pæs]

S357 ☑ ②公衆トイレ
public restroom
[pʌ́blik réstrùːm]

S358 ☑ ③階段
stairs
[stéərz]

S359 ☑ ④(駅の)ホーム
platform
[plǽtfɔːrm]

S360 ☑ ⑤乗客
passenger
[pǽsindʒər]

通学時の行動 Actions on the Way to School

S361 ☐ 電車に乗る
get on the train

S362 ☑ お年寄りに席を譲る
give my seat to an elderly person

S363 ☑ 音量を下げる
turn the volume down

S364 ☐ 眠り込む
fall asleep

S365 ☐ 電車から降りる
get off the train

S366 ☑ 電車内に傘を忘れる
leave my umbrella in the train

⌃ Scene 4　教室 In the Classroom

S367 ☑ ①黒板
blackboard
[blǽkbɔ̀ːrd]

S368 ☑ ②チョーク
chalk
[tʃɔ́ːk]

S369 ☑ ③黒板消し
eraser
[iréisər]

S370 ☑ ④ノート
notebook
[nóutbùk]

S371 ☑ ⑤時間割表
class schedule
[klǽs skédʒuːl]

STAGE 2

教室での行動 Actions in the Classroom

S372 ☑ 先生にあいさつする
greet the teacher

S373 ☑ 宿題を提出する
turn in my homework

S374 ☑ ノートをとる
take notes

S375 ☑ 手を挙げる
raise my hand

S376 ☑ 自分の答えを黒板に
書く **write my answer
on the blackboard**

S377 ☑ クラスの前でスピーチ
をする **make a speech
in front of the class**

105

飲食

301 ☐ **sugar**
[ʃúgər | **シュ**ガ]
A1
名砂糖

302 ☐ **salt**
[sɔ́ːlt | **ソー**るト]
A2
名塩, 食塩

303 ☐ **pepper**
[pépər | **ペ**パ]
A2
名コショウ

国・町

304 ☐ **national**
[nǽʃnəl | **ナ**ぁショナる]
A2
形国の；国立の
関連 **nation** 国家

305 ☐ **country**
[kʌ́ntri | **カ**ントゥリ]
🔊 発音
A2
名❶ 国
❷ (都会に対して)いなか

306 ☐ **city**
[síti | **スィ**ティ]
A1
名都市；(行政上の)市

307 ☐ **town**
[táun | **タ**ウン]
A1
名町

308 ☐ **village**
[vílidʒ | **ヴィ**れッヂ]
A2
名村

309 ☐ **government**
[gʌ́vərnmənt | **ガ**ヴァ(ン)
メント]
A2
名政府；自治体

☑ チャンク sugar **candy** 　　砂糖**菓子**

☑ She added a little **sugar** to her tea. ▶彼女は紅茶に砂糖を少々加えた.

☑ チャンク salt **water** 　　塩水

☑ Could you pass me the **salt**? ▶その塩を私に回していただけませんか.

☑ チャンク black **pepper** 　　黒コショウ

☑ Please put some **pepper** on the meat. ▶その肉にコショウをかけてください.

☑ チャンク the national **flag** 　　国旗

☑ That building is the **national** library. ▶あの建物は国立図書館です.

☑ チャンク a foreign country 　　外国

☑ I've never been to a foreign **country**. ▶私は外国へ行ったことがない.

☑ チャンク a big city 　　大都市

☑ Shanghai is a sister **city** of Yokohama. ▶上海は横浜の姉妹都市だ.

☑ チャンク a country town 　　いなかの町

☑ He was born in a country **town**. ▶とあるいなかの町で彼は生まれた.

☑ チャンク a small village 　　小さな村

☑ She lives in a small **village** by the sea. ▶彼女は海のそばの小さな村に住んでいる.

☑ チャンク local governments 　　地方自治体

☑ The Japanese **government** agreed with the plan. ▶日本政府はその計画に賛成した.

STAGE 2

生命

310 ☑ **life** [láif｜らイふ] 複数 lives <small>A1</small>	名❶ 生活 ❷ 生命，命	

311 ☑ **live**¹ [lív｜リヴ] 発音 <small>A1</small>	動❶ 住んでいる ❷〈動植物が〉生きる

312 ☑ **born** [bɔ́ːrn｜ボーン]	動生まれる（◆bear「…を産む」の過去分詞； be 動詞とともに用いられるのがふつう）

313 ☑ **die** [dái｜ダイ] <small>A2</small>	動死ぬ 関連 death 死 【die of [from] Ⓐ】 Ⓐで死ぬ

位置・方向

314 ☑ **position** [pəzíʃn｜ポズィション] <small>A2</small>	名位置，場所

315 ☑ **below** [bilóu｜ビろウ] <small>A1</small>	前…より下に，…より低い所に 対義 above …より上に，…より高い所に

316 ☑ **inside** [ìnsáid｜インサイド] <small>A1</small>	前…の内側に

317 ☑ **outside** [àutsáid｜アウトサイド] <small>A2</small>	前…の外側に

318 ☑ **beside** [bisáid｜ビサイド] <small>A1</small>	前…のそばに

☑ チャンク **my school** life
私の学校生活

☐ She enjoyed her school **life** in New York.
▶彼女はニューヨークでの学校生活を楽しんだ.

☑ チャンク **live** in the city
都会に住んでいる

☐ My grandparents **live** in Okinawa.
▶私の祖父母は沖縄に住んでいる.

☑ チャンク **be born** in Boston
ボストンで生まれる

☐ I **was born** on April 3, 1993.
▶私は 1993 年 4 月 3 日の生まれです.

☑ チャンク **die of** AIDS
エイズで死ぬ

☐ She **died of** [from] old age.
▶彼女は老衰で死んだ.

☑ チャンク **the best** position
最高の位置

☐ From my **position**, I could not hear her voice.
▶私の位置からでは,彼女の声は聞こえなかった.

☑ チャンク **below** ground
地中に(➡ 地面の下に)

☐ Some water is running **below** ground in this area.
▶この地域は水が地中を流れている.

☑ チャンク **inside** the bag
かばんの中に

☐ Tom is carrying a big box. I wonder what is **inside** it.
▶トムが大きな箱を運んでいるが, あの中に何が入っているのだろうか.

☑ チャンク **outside** the house
家の外に

☐ Please wait just **outside** the door.
▶ドアのすぐ外で待っていてください.

☑ チャンク **beside** the river
川のそばに

☐ The dog was lying **beside** him.
▶犬は彼のそばで寝そべっていた.

STAGE 2

道具・日用品

319 ☐ **cloth**
[klɔ́(:)θ | クロ(ー)す]
A1

名布, 織物

320 ☐ **bottle**
[bátl | バトゥる]
A1

名びん

321 ☐ **dictionary**
[díkʃənèri | ディクショネリ]
A1

名辞書

322 ☐ **cell phone**
[sélfòun | セるふォウン]

名携帯電話(◆cellular phone ともいうが, かたい言い方;英国では mobile phone がよく使われる)

移動・動き

323 ☐ **travel**
[trǽvl | トゥラぁヴる]
A1 動旅行する
A2 名旅

324 ☐ **tour**
[túər | トゥア]
A2

名旅行

325 ☐ **lead**
[líːd | リード]
過去・過分 led
B1

動…を導く, 案内する
関連 leader リーダー

326 ☐ **enter**
[éntər | エンタ]
A2

動…に入る
関連 entrance 入り口

327 ☐ **pass**
[pǽs | パぁス]
A2

動❶ 通る, 通り過ぎる
❷(試験などに)合格する

| ☐ チャンク **in white** cloth | 白い布に包まれて |
| ☐ The glass was in white **cloth**. | ▶そのグラスは白い布に包まれていた. |

| ☐ チャンク **a bottle** of water | 水1びん |
| ☐ The children quickly drank a **bottle** of orange juice. | ▶子どもたちはオレンジジュース1びんをすぐに飲んでしまった. |

| ☐ チャンク **use a** dictionary | 辞書を使う |
| ☐ You can use my **dictionary** if you want. | ▶もしよければ, 私の辞書を使ってもいいですよ. |

| ☐ チャンク **answer my** cell phone | 携帯電話に出る |
| ☐ She answered her **cell phone** and started talking quietly. | ▶彼女は携帯電話に出て, 小さな声で話しはじめた. |

| ☐ チャンク **travel across** Europe | ヨーロッパ中を旅行する |
| ☐ I want to **travel** around the world someday. | ▶私はいつか世界中を旅行したい. |

| ☐ チャンク **a package** tour | パック旅行 |
| ☐ I made a cycling **tour** around Hokkaido. | ▶私は自転車で北海道を周遊した. |

| ☐ チャンク **lead me** there | 私をそこに導く |
| ☐ The woman **led** me to the meeting room. | ▶その女性は私を会議室に案内した. |

| ☐ チャンク **enter the** room | 部屋に入る |
| ☐ We stopped talking when the teacher **entered** the classroom. | ▶先生が教室に入ると私たちは話をやめた. |

| ☐ チャンク **pass a** checkpoint | チェックポイントを通過する |
| ☐ A lot of taxis **passed** while I was waiting for a bus. | ▶バスを待っている間に何台ものタクシーが通り過ぎた. |

STAGE 2

111

心・感情

328 ☑ **love**
[lʌ́v | らヴ]
A1 名 愛(情), 恋
A1 動 …を愛する；…が大好きである
対義 hate …をひどく嫌う

329 ☑ **enjoy**
[indʒɔ́i | インヂョイ]
A1
動 …を楽しむ
➡ 【enjoy doing】 …することを楽しむ

330 ☑ **worry**
[wə́:ri | ワ〜リ]
A2 動 心配する
A1 名 心配(事), 不安

331 ☑ **sorry**
[sɑ́ri | サリ]
A1
形 申しわけなく思って(いる)
(◆名詞の前では用いない)

大きさ・重さ

332 ☑ **large**
[lɑ́:rdʒ | らーヂ]
A1
形 大きい, 広い
対義 small 小さい

333 ☑ **tall**
[tɔ́:l | トーる]
A1
形 (高さが)高い；背の高い
対義 short 背の低い

334 ☑ **little**
[lítl | りトゥる]
A1
形 ❶ 小さい
❷ ほとんど…ない(◆数えられない名詞の前で用いる)

335 ☑ **heavy**
[hévi | ヘヴィ]
A1
形 ❶ 重い
関連 fat 太った
❷〈雨などが〉激しい

336 ☑ **light²**
[láit | らイト]
🎺 発音
A1
形 ❶ (重さが)軽い
❷ (量が)少ない

☑ チャンク a love **story**	ラブストーリー
☑ I listened to that **love** song many times.	▶私はそのラブソングを何度も聞いた.

☑ チャンク **enjoy** the party	パーティーを楽しむ
☑ I **enjoy playing** tennis on Sundays.	▶私は日曜日にテニスをすることを楽しんでいる.

☑ チャンク **Don't worry.**	心配しないで.
☑ Don't **worry** about it.	▶そのことについては心配しないで.

☑ チャンク **I'm sorry.**	申しわけありません.
☑ I'm **sorry** for being late.	▶遅刻してしまい申しわけありません.

STAGE 2

☑ チャンク a large **country**	広い国
☑ Her house was very **large**.	▶彼女の家はとても大きかった.

☑ チャンク a tall **building**	高い建物
☑ Bob is **taller** than his father.	▶ボブは彼の父より背が高い.

☑ チャンク a little **bird**	小鳥
☑ A **little** dog ran up to me.	▶小さな犬が私に駆け寄ってきた.

☐ チャンク a heavy **bag**	重いバッグ
☑ This bookcase is very **heavy**. Let's carry it together.	▶この本箱はとても重いんだ. いっしょに運ぼう.

☐ チャンク a light **aircraft**	軽航空機
☑ These shoes are **lighter** than they look.	▶この靴は見かけより軽い.

例文で覚える英熟語

337 ☑ **a little**　　少し (は), ちょっと

338 ☑ **plenty of ...**　　たくさんの…

339 ☑ **get on ...**　　〈電車・バス・自転車などに〉乗る
（◆「車に乗り込む」は get in [into] ...)

340 ☑ **get off ...**　　〈電車・バス・自転車などから〉降りる
（◆「車から降りる」は get out of ...)

341 ☑ **enjoy** *oneself*　　楽しい時を過ごす

342 ☑ **be pleased with ...**　　…に喜んでいる

343 ☑ **be worried about ...**　　…について心配している

344 ☑ **be busy** *doing*　　…するのに忙しい

345 ☑ **feel like** *doing*　　…したい気がする

346 ☑ **fall in love with ...**　　…に恋をする

347 ☑ **try on**　　…を試着する

348 ☑ **look out**　　(危険などに) 気をつける（◆ 通例命令文で
用いる)

349 ☑ **look up to ...**　　〈人を〉尊敬する

350 ☑ **look forward to ...**　　…を楽しみに待つ（◆ ...には名詞・代名詞・
動名詞がくる)

☑ He speaks French **a little**. ▶彼はフランス語を少し話す.

☑ Just relax. We have **plenty of** time. ▶リラックスしなさい. 時間はたくさんあるのだから.

☑ I **got on** the train at Shinjuku Station. ▶私は新宿駅で電車に乗った.

☑ We **got off** the bus in front of the park. ▶私たちは公園の前でバスを降りた.

☑ I **enjoyed myself** at the party last night. ▶昨夜はパーティーで楽しい時を過ごした.

☑ She **is pleased with** the news. ▶彼女はその知らせに喜んでいる.

☑ I'm **worried about** his health. ▶私は彼の健康が心配だ.

☑ I'm **busy cooking** dinner. I'll call you back later. ▶夕食を作るのに忙しいの. 後で電話するね.

☑ I **feel like singing** loud. ▶大声で歌いたい気がする.

☑ I **fell in love with** Tom right after I met him. ▶私は出会ってすぐに, トムに恋をした.

☑ I'd like to **try on** this shirt. ▶このシャツを試着したいのですが.

☑ **Look out!** A car is coming. ▶気をつけて! 車が来ているよ.

☑ Who do you **look up to**? ▶あなたはだれを尊敬していますか?

☑ I'm **looking forward to hearing** from you. ▶あなたからのお便りを楽しみにしています.

STAGE 2

115

基本単語 コーパス道場 4

look [lúk | るック]

→p. 36

コアイメージ「意識して視線を向け，具体的な物を見る」

２１３[look + 形容詞]ランキング

☑ S378 第1位 **look good**	▶ よく見える
☑ The script looked good on paper.	▶ その台本は，読んだ限りではよさそうに見えた．

☑ S379 第2位 **look nice**	▶ すてきに見える
☑ These shoes look nice with jeans.	▶ この靴はジーンズに合う．

☑ S380 第3位 **look different**	▶ 違って見える
☑ This city will look different in 20 years.	▶ この街は20年後，違って見えるだろう．

☑ S381 第4位 **look great**	▶ とてもよく見える
☑ You look great.	▶ （あなたは）すてきですね．

☑ S382 第5位 **look tired**	▶ 疲れているように見える
☑ Our teacher looked a bit tired today.	▶ 先生は今日，少し疲れているように見えた．

see [síː | スィー] →p. 36

コアイメージ 「自然と目に入ってくる, 視界にとらえる」

STAGE 2

2 1 3 [see + if [wh-, how] 節] ランキング

☐ S383 **第1位** **see what ...** ▶ 何が…か分かる

☐ The little boy didn't see what was happening then. ▶ 少年はそのとき, 何が起こっているか分からなかった.

☐ S384 **第2位** **see how ...** ▶ どう…か分かる

☐ The woman saw how the machine worked at once. ▶ 女性はすぐにその機械がどう動くのか分かった.

☐ S385 **第3位** **see if ...** ▶ …かどうか分かる

☐ Go and see if the bath is ready. ▶ 風呂が沸いているか見てきなさい.

☐ S386 **第4位** **see why ...** ▶ なぜ…か分かる

☐ He didn't see why his girlfriend left him. ▶ 彼は, なぜガールフレンドが彼の元を去ったのか分からなかった.

☐ S387 **第5位** **see whether ...** ▶ …かどうか分かる

☐ The chef checked to see whether there was enough meat. ▶ 料理人は, 肉が十分にあるかどうか確かめた.

人・職業

351 ☑ **child**
[tʃáild | チャイるド]
複数 children
A1

名子供
対義 adult 大人

352 ☑ **doctor**
[dáktər | ダクタ]
A1

名医者

353 ☑ **nurse**
[nə́:rs | ナ〜ス]
A1

名看護師

地理・地形

354 ☑ **ocean**
[óuʃn | オウシャン]
B1

名大洋；海
関連 sea 海

355 ☑ **land**
[lǽnd | らぁンド]
B1
A2

名（「海」に対する）陸（◆「空」に対する「地上」は ground）
動〈飛行機が〉着陸する

356 ☑ **beach**
[bíːtʃ | ビーチ]
A1

名浜辺

357 ☑ **island**
[áilənd | アイらンド]
発音
A1

名島

358 ☑ **mountain**
[máuntn | マウントゥン]
A1

名山

359 ☑ **lake**
[léik | れイク]
A2

名湖

☑ **チャンク as a child**　　子供のころ

☑ As a **child**, I wanted to be a scientist.　▶子供のころ，私は科学者になりたかった．

☑ **チャンク see a doctor**　　医者に診(み)てもらう

☑ Are you OK? You should see a **doctor**.　▶大丈夫ですか？ 医者に診てもらったほうがいいですよ．

☑ **チャンク work as a nurse**　　看護師として働く

☑ She is studying hard to become a **nurse**.　▶彼女は看護師になるため一生懸命勉強している．

☑ **チャンク the Pacific Ocean**　　太平洋

☑ Lindbergh flew over the Atlantic **Ocean** in 1927.　▶1927 年，リンドバーグは大西洋横断飛行をした．

☑ **チャンク travel by land**　　陸路で旅をする

☑ They traveled to Rome by **land**.　▶彼らは陸路でローマへ旅をした．

☑ **チャンク go to the beach**　　浜辺へ行く

☑ They went to the **beach** and took a walk.　▶彼らは浜辺へ行き，散歩をした．

☑ **チャンク live on the island**　　島に住んでいる

☑ Does anyone live on that **island**?　▶あの島にはだれか住んでいるのですか？

☑ **チャンク a high mountain**　　高い山

☑ What is the name of that high **mountain**?　▶あの高い山の名前は何ですか？

☑ **チャンク swim in the lake**　　湖で泳ぐ

☑ Let's go swimming in the **lake**.　▶湖に泳ぎに行こうよ．

STAGE 2

問題・困難

360 ☑ **trouble**
[trʌ́bl | トゥ**ラ**ブる]
A2

名 問題

361 ☑ **safe**
[séif | **セ**イふ]
A2

形 安全な
関連 **safety** 安全
名 金庫

362 ☑ **dangerous**
[déindʒərəs | **デ**インヂャラス]
A2

形 危険な
関連 **danger** 危険

代名詞

363 ☑ **other**
[ʌ́ðər | **ア**ざ]
A1 形 ほかの, 別の
A2 代 ほかの物[人]

364 ☑ **another**
[ənʌ́ðər | ア**ナ**ざ]
A1 形 もう1つ[1人]の
A2 代 もう1つの物, もう1人

365 ☑ **both**
[bóuθ | **ボ**ウす]
A1 代 両方
A1 形 両方の

366 ☑ **something**
[sʌ́mθiŋ | **サ**ムすィン*グ*]
A1

代 何か

367 ☑ **everything**
[évriθiŋ | **エ**ヴリすィン*グ*]
A1

代 あらゆること[物]

368 ☑ **nothing**
[nʌ́θiŋ | **ナ**すィン*グ*]
A1

代 何も…ない

☑ チャンク **without any** trouble　　　　問題**なく**

☑ We finished the work without any trouble.　　▶私たちは何の問題もなくその仕事を終えた.

☑ チャンク **a safe** place　　　　安全な**場所**

☑ Keep your passport in a safe place.　　▶パスポートは安全な場所にしまっておきなさい.

☑ チャンク **a dangerous** sport　　　　危険な**スポーツ**

☑ Snowboarding is a fun thing to do. But it is a dangerous sport.　　▶スノーボードはおもしろいが, 危険なスポーツだ.

☑ チャンク **other** countries　　　　ほかの**国々**

☑ Do you have any other questions?　　▶ほかにご質問はありますか？

☑ チャンク **another** book　　　　もう 1 冊別の**本**

☑ Would you like another cup of coffee?　　▶コーヒーをもう 1 杯いかがですか？

☑ チャンク **both** of them　　　　彼ら[それら]の**両方**

☑ He has two dogs. Both of them are black.　　▶彼は犬を 2 匹飼っている. その 2 匹とも(⬛ 両方とも) 色は黒だ.

☑ チャンク **something** cold　　　　何か**冷たいもの**

☑ I'll try something new next year.　　▶来年は何か新しいことに挑戦したい.

☑ チャンク know **everything**　　　　何でも**知っている**

☑ My uncle knows everything about jazz.　　▶私のおじはジャズのことなら何でも知っている.

☑ チャンク have **nothing** to do　　　　何も**することがない**

☑ I have nothing to do this afternoon.　　▶きょうの午後は何もすることがない.

STAGE 2

121

国際

369 ☑ **world**
[wə́:rld | ワ～るド]
A1

名 世界

370 ☑ **foreign**
[fɔ́(:)rin | ふォ(ー)リン]
🎺 発音
A1

形 外国の
関連 foreigner 外国人

371 ☑ **international**
[ìntərnǽʃənl | インタナぁ
ショヌる]
A2

形 国際的な

372 ☑ **abroad**
[əbrɔ́:d | アブロード]
A2

副 外国に[で]

移動・動き

373 ☑ **fly**
[flái | ふらイ]
過去 flew
過分 flown
A1

動 飛ぶ；飛行機で行く
関連 flight 飛行

374 ☑ **swim**
[swím | スウィム]
過去 swam
過分 swum
A1

動 泳ぐ
関連 swimming 水泳

375 ☑ **climb**
[kláim | クらイム]
🎺 発音
A2

動 …に登る

376 ☑ **arrive**
[əráiv | アライヴ]
A1

動 到着する
関連 arrival 到着

377 ☑ **leave**¹
[líːv | リーヴ]
過去・過分 left
A1

動 ❶〈場所を〉去る，出発する
❷…を置き忘れる

☑ チャンク **all over the world**　　世界中を
☑ I want to travel all over the world.　▶私は世界中を旅してみたい.

☑ チャンク **a foreign culture**　　外国の文化
☑ I like studying foreign languages.　▶私は外国語学習が好きだ.

☑ チャンク **international business**　　国際的な事業
☑ The computer company is doing international business.　▶そのコンピュータ会社は国際的な事業を展開している.

☑ チャンク **go abroad**　　外国に行く
☑ Lisa studied abroad when she was seventeen.　▶リサは17歳のときに留学した (⬛ 外国で勉強した).

STAGE 2

☑ チャンク **fly in the sky**　　空を飛ぶ
☑ A bird was flying in the sky.　▶1羽の鳥が空を飛んでいた.

☑ チャンク **swim in the sea**　　海で泳ぐ
☑ It's hot! Let's go and swim in the pool.　▶暑い！ プールに泳ぎに行こうよ.

☑ チャンク **climb a mountain**　　山に登る
☑ I climbed Mt. Fuji last year.　▶私は昨年富士山に登った.

☑ チャンク **arrive at the station**　　駅に到着する
☑ What time will you arrive in New York?　▶ニューヨークには何時に到着する予定ですか？

☑ チャンク **leave London**　　ロンドンを去る
☑ They left Paris for Rome this morning.　▶今朝，彼らはパリからローマへ向けて出発した.

天気・天候

378 ☑ **rain**
[réin | レイン]
- A1 名雨
- A1 動雨が降る(◆it を主語として)

379 ☑ **snow**
[snóu | スノウ]
- A1 名雪
- A2 動雪が降る(◆it を主語として)

380 ☑ **wind**
[wínd | ウィンド]
- 名風
- A1

381 ☑ **cloud**
[kláud | クらウド]
- 名雲
- A1

温度

382 ☑ **heat**
[hí:t | ヒート]
- A2 名(物理的な)熱
- B1 動…を熱する

383 ☑ **hot**
[hát | ハット]
- 形**1** 暑い;熱い
  2〈食べ物が〉辛い
- A1

384 ☑ **warm**
[wɔ́:rm | ウォーム]
🔊 発音
- A1 形〈気候などが〉暖かい;〈湯などが〉温かい
  関連 warmth 暖かさ
- B1 動…を暖める(◆しばしば up を伴う)

385 ☑ **cool**
[kú:l | クーる]
- 形**1** 涼しい;(心地よい程度に)冷たい
  2 かっこいい(◆主に話し言葉で用いる)
- A1

386 ☑ **cold**
[kóuld | コウるド]
- A1 形寒い;冷たい
- A1 名かぜ

☐ チャンク **heavy rain** 大雨
☐ Because of the heavy **rain**, the train was late. ▶大雨のため，電車が遅れた.

☐ チャンク **have a lot of snow** たくさん雪が降る
☐ We had a lot of **snow** here last winter. ▶この前の冬，この辺りではたくさん雪が降った.

☐ チャンク **a strong wind** 強風
☐ There was a strong **wind** today. ▶きょうは強い風が吹いた.

☐ チャンク **rain clouds** 雨雲
☐ There were rain **clouds** in the sky. ▶空には雨雲が垂れ込めていた.

☐ チャンク **cook over high heat** 強火で(直 高い熱で)料理する
☐ Cook over low **heat**. ▶弱火で料理しなさい.

☐ チャンク **take a hot bath** 熱めのふろに入る
☐ It's very **hot** today. ▶きょうはとても暑い.

☐ チャンク **warm water** 温水
☐ It's nice and **warm** today. ▶きょうは天気もよく暖かい.

☐ チャンク **a cool drink** 冷たい飲み物
☐ It's **cool** for September today. ▶きょうは９月にしては涼しい.

☐ チャンク **a cold wind** 冷たい風
☐ Don't you feel **cold**? ▶寒くないですか？

例文で覚える英単語

387 ☑ **have**²
[hǽv | ハぁヴ] A1
動 ❹ に…させる, してもらう
☞ 【have ❹ do】

388 ☑ **make**²
[méik | メイク] A1
動 ❹ に(強制的に)…させる
☞ 【make ❹ do】

389 ☑ **also**
[ɔ́:lsou | オーるソウ] A1
副 …もまた

390 ☑ **because**
[bikɔ́:z | ビコーズ] A1
接 (なぜなら)…だから

391 ☑ **able**
[éibl | エイブる] B1
形 (…することが)できる
☞ 【be able to do】

392 ☑ **even**
[í:vn | イーヴン] A2
副 …でさえ, ですら

393 ☑ **tonight**
[tənáit | トゥナイト] A1 副 今夜(は)
A2 名 今夜

394 ☑ **which**
[hwítʃ | (ホ)ウィッチ] A1 代 どれ, どちら
A1 形 どの, どちらの

395 ☑ **who**
[hú: | フー] A1
代 だれ

396 ☑ **whose**
[hú:z | フーズ] A1
代 だれの(もの)

397 ☑ **why**
[hwái | (ホ)ワイ] A1
副 なぜ, どうして

398 ☑ **if**¹
[íf | イふ] A1
接 もし…ならば(◆主節の動詞に will が
ついても, if 節の動詞は現在形)

399 ☑ **maybe**
[méibi: | メイビー] A1
副 もしかすると(…かもしれない)
(◆perhaps よりもくだけた語)

400 ☑ **though**
[ðóu | ぞウ] A2
接 …だが, …だけれども

☑ I'll **have** him call you back later. ▶後ほど彼に電話させます.

☑ The sad news **made** me cry. ▶その悲しい知らせに私は泣いてしまった(⬛ 私を泣かせた).

☑ My mother is **also** a fan of that actor. ▶母もまた，その俳優のファンだ.

☐ I like Lisa **because** she is really kind. ▶ぼくはリサが好きだ．なぜなら彼女はほんとうにやさしいから.

☐ She **is able to** speak German well. ▶彼女はドイツ語を上手に話すことができる.

☑ The man was very tired. He couldn't **even** walk. ▶その男はとても疲れており，歩くことさえできなかった.

☑ I'll call you **tonight**. ▶今夜電話するね.

☑ **Which** is your car? ▶どれがあなたの車ですか？

☑ **Who** is that man? He's cool! ▶あの男の人，だれなの？ かっこいい人ね！

☐ "**Whose** pen is this?" "It's mine. Thank you." ▶「これはだれのペンですか？」「私のペンです．ありがとう」

☑ **Why** are you crying? Are you in pain? ▶なぜ泣いているの？ どこか痛いの？

☑ **If** it **rains** tomorrow, the game **will** be called off. ▶もしあす雨が降ったならば，試合は中止されるでしょう.

☑ Ask Ben. **Maybe** he knows. ▶ベンに聞いてごらん．もしかすると彼なら知っているかもしれない.

☑ **Though** it was raining, they went out. ▶雨が降っていたが，彼らは出かけた.

STAGE 2

3. 日本の地理・地形

STAGE 3

高校基礎

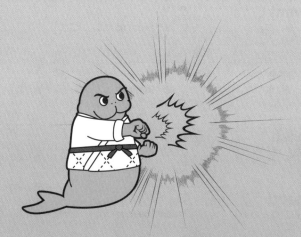

心・感情

401 ☑ **fun**
[fʌ́n | ふァン]
A1

名 楽しみ；おもしろさ
関連 funny おもしろい

402 ☑ **glad**
[glǽd | グらぁッド]
A1

形 うれしい；喜んで(いる)
☞【be glad to *do*】…してうれしい

403 ☑ **angry**
[ǽŋgri | あングリ]
A1

形 怒った
関連 anger 怒り

必要・希望

404 ☑ **take²** ⓐp. 188 道場
[téik | テイク]
A1

動〈時間などが〉かかる

405 ☑ **want**
[wánt | ワント]
A1

動 …が欲しい，…を望む
☞【want to *do*】…したい

406 ☑ **hope**
[hóup | ホウプ]
B1
A1

動 …を望む
☞【hope to *do*】…することを望む
名 (実現が可能な)希望

407 ☑ **wish**
[wíʃ | ウィッシ]
A2
A1

動 …したいと思う[願う]
☞【wish to *do*】…したいと思う
名 願い，願望

408 ☑ **need**
[níːd | ニード]
A2

動 …を必要とする
☞【need to *do*】…する必要がある

409 ☑ **necessary**
[nésəsèri | ネセセリ]
A2

形 必要な
対義 unnecessary 不必要な

☑ **チャンク have a lot of fun** | 大いに楽しむ
☑ I had a lot of **fun** on the school trip to Australia. | ▶オーストラリアへの修学旅行はとても楽しかった.

☑ **チャンク I'm glad to hear that.** | それを聞いてうれしく思います.
☑ "**I'm glad to** meet you." "Me too." | ▶「お会いできてうれしく思います」「私もです」

☑ **チャンク get angry** | 怒る
☑ Don't get **angry** with him. | ▶彼に怒らないで.

☑ **チャンク take three days** | 3日かかる
☑ This painting **took** one month to finish. | ▶この絵を仕上げるのに1か月かかった.

☑ **チャンク want a new PC** | 新しいパソコンが欲しい
☑ My sister **wants to** study abroad. | ▶姉は海外で勉強したいと思っている.

☑ **チャンク I hope so.** | そうであることを望みます.
☑ She **hopes to** become a French teacher. | ▶彼女はフランス語の先生になることを望んでいる.

☑ **チャンク wish to go there** | そこに行きたいと思う
☑ I **wish to** visit the country once again. | ▶私はその国をもう一度訪れたいと思っている.

☑ **チャンク need help** | 助けを必要とする
☑ I **need to** go to the bank. | ▶私は銀行に行く必要がある.

☑ **チャンク necessary information** | 必要な情報
☑ The sun is **necessary** for all living things. | ▶太陽はすべての生き物に必要だ.

STAGE 3

131

動作

410 ☑ **push**
[púʃ | プッシ]
A1

動 …を押す

411 ☑ **pull**
[púl | プる]
A2

動 …を引く, 引っぱる

412 ☑ **catch**
[kǽtʃ | キぁッチ]
過去・過分 caught
A1

動 ❶ …をキャッチする
❷〈乗り物に〉間に合う
対義 miss …に乗りそこねる

413 ☑ **throw**
[θróu | すロウ]
過去 threw
過分 thrown
A2

動 …を投げる

文化・芸術

414 ☑ **movie**
[múːvi | ムーヴィ]
A1

名 映画(◆主に米国で用いる)
関連 film 映画(◆主に英国で用いる), フィルム

415 ☑ **scene**
[síːn | スィーン]
A2

名 ❶(映画などの)シーン, 場面
❷ 光景, 風景

416 ☑ **dance**
[dǽns | ダぁンス]
A1
A1

名 ダンス, 踊り
動 ダンスをする, 踊る

417 ☑ **ticket**
[tíkit | ティケット]
A1

名 チケット;切符

418 ☑ **magazine**
[mǽɡəzìːn | マぁガズィーン]
A1

名 雑誌

☑ チャンク push the door open	ドアを押してあける
☑ **Push** this button to stop the recording.	▶録画を止めるにはこのボタンを押してください.

☑ チャンク pull the curtain	カーテンを引く
☑ **Pull** the door and it will open.	▶そのドアは手前に引けば開きますよ.

☑ チャンク catch a ball	ボールをキャッチする
☑ My dog can **catch** a frisbee in his mouth.	▶私の犬は口でフリスビーをキャッチできる.

☑ チャンク throw a ball	ボールを投げる
☑ Please **throw** that ball to me.	▶そのボールを私に投げてください.

☑ チャンク go to a movie	映画を見に行く
☑ How about going to a **movie** next week?	▶来週, 映画を見に行きませんか？

☑ チャンク the last scene	ラストシーン
☑ I like the opening **scene** of the movie.	▶私はその映画の最初のシーンが好きだ.

☑ チャンク a folk dance	フォークダンス
☑ We did some traditional **dances**.	▶私たちはいくつかの伝統的なダンスを踊った.

☑ チャンク a ticket for the concert	コンサートのチケット
☑ I got a **ticket** for the band's concert.	▶私はそのバンドのコンサートのチケットを手に入れた.

☑ チャンク a fashion magazine	ファッション雑誌
☑ What's your favorite comic **magazine**?	▶あなたの一番好きな漫画雑誌は何ですか？

STAGE 3

133

音・声

419 ☑ **sound**
[sáund | **サウンド**]
A2 名音
A2 動…に聞こえる；…に思われる

420 ☑ **voice**
[vɔ́is | **ヴォイス**]
名声
A2

421 ☑ **quiet**
[kwáiət | **クワイエット**]
形静かな
関連 **quietly** 静かに
A1

422 ☑ **loud**
[láud | **らウド**]
形〈音・声が〉大きい, 騒々しい
関連 **loudly** 大声で
B1

移動・動き

423 ☑ **step**
[stép | **ステップ**]
名足取り, 歩み
A2

424 ☑ **ride**
[ráid | **ライド**]
過去 rode
過分 ridden
A1
動(自転車・車などに)乗る；乗って行く

425 ☑ **carry**
[kǽri | **キぁリ**]
動…を運ぶ
A1

426 ☑ **cross**
[krɔ́(:)s | **クロ(ー)ス**]
動…を渡る
A2

427 ☑ **hurry**
[hə́:ri | **ハ〜リ**]
A2 動急ぐ
A1 名急ぐこと

☑ チャンク **the sound of rain** 雨音
☑ I woke up to the **sound** of rain. ▶私は雨音で目を覚ました.

☑ チャンク **speak in a soft voice** 穏やかな声で話す
☑ They were talking in low **voices**. ▶彼らは声をひそめて話していた.

☑ チャンク **a quiet night** 静かな夜
☑ The room was **quiet**. ▶その部屋は静かだった.

☑ チャンク **sing in a loud voice** 大きな声で歌う
☑ I like to sing in a **loud** voice. ▶私は大きな声で歌うのが好きだ.

☑ チャンク **walk with light steps** 軽い足取りで歩く
☑ She walks with slow **steps**. ▶彼女はゆっくりした足取りで歩く.

☑ チャンク **ride on a bike** 自転車に乗る
☑ We **rode** to the museum on a bus. ▶私たちはバスに乗ってその博物館へ行った.

☑ チャンク **carry a desk** 机を運ぶ
☑ Please **carry** this bed into that room. ▶このベッドはあそこの部屋に運んでください.

☑ チャンク **cross the street** 通りを渡る
☑ Be careful when you **cross** the street. ▶通りを渡るときは気をつけるんだよ.

☑ チャンク **Hurry up!** 急げ！
☑ We **hurried** to the station. ▶私たちは駅へ急いだ.

STAGE 3

動作

428 ☑ **hold**
[hóuld | **ホ**ウるド]
過去・過分 held
A2

動 ❶ …を持つ, つかむ
❷ 〈イベントを〉催す

429 ☑ **drop**
[dráp | ドゥ**ラ**ップ]
A1

動 …を落とす；落ちる

430 ☑ **show**
[ʃóu | **ショ**ウ]
過去 showed
過分 shown ⤴p. 237 道場
A1
A2

A1 動 …を見せる, 示す
A2 名 ショー

431 ☑ **cover**
[kʌ́vər | **カ**ヴァ]
A2
A1

A2 動 …に覆いをかける
A1 名 覆い, カバー

与える・受け取る

432 ☑ **gift**
[gíft | **ギ**ふト]
A1

名 ❶ 贈り物
❷ 生まれつきの才能

433 ☑ **give** ⤴p. 164 道場
[gív | **ギ**ヴ]
過去 gave
過分 given
A1

動 …を与える
🔌 【give Ⓐ Ⓑ】 ⒶにⒷを与える

434 ☑ **send**
[sénd | **セ**ンド]
過去・過分 sent
A2

動 …を送る
🔌 【send Ⓐ Ⓑ】 ⒶにⒷを送る

435 ☑ **present**[1]
動 [prizént | プリ**ゼ**ント]
名 [préznt | プ**レ**ズント]
🔊 アクセント
B2
A1

B2 動 …を贈る
A1 名 贈り物, プレゼント

436 ☑ **receive**
[risíːv | リ**スィ**ーヴ]
A2

動 …を受け取る

☑ **チャンク** **hold** a cell phone | 携帯電話を**持つ**
☑ He was **holding** a book under his arm. | ▶彼は本をわきに抱えていた.

☑ **チャンク** **drop** my wallet | 財布を**落とす**
☑ You **dropped** your handkerchief. | ▶ハンカチを落としましたよ.

☑ **チャンク** **show** my ticket | チケットを**見せる**
☑ I'll **show** you the picture tomorrow. | ▶あした, その写真を見せてあげるね.

☑ **チャンク** be **covered** with snow | 雪に**覆われている**
☑ **Cover** that table with this tablecloth. | ▶あのテーブルにこのテーブルクロスをかけてね.

☑ **チャンク** a birthday **gift** | 誕生日の**贈り物**
☑ This teddy bear is a Christmas **gift** from my parents. | ▶このテディーベアは両親からのクリスマスの贈り物なのです.

☑ **チャンク** **give** a chance | チャンスを**与える**
☑ He **gave** Mary the flowers. | ▶彼はメアリーにその花をあげた.

☑ **チャンク** **send** an e-mail | E メールを**送る**
☑ I often **send** my grandmother an e-mail. | ▶私はよく祖母に E メールを送る.

☑ **チャンク** **present** a prize | 賞を**贈る**
☑ I **presented** the prize to Iris. | ▶私はその賞をアイリスに贈った.

☑ **チャンク** **receive** a gift | 贈り物を**受け取る**
☑ I **received** a picture postcard from my sister in Hokkaido. | ▶私は北海道にいる姉から絵はがきを受け取った.

STAGE 3

例文で覚える英熟語

437 ☑ **give in**	(…に)負ける (to …)
438 ☑ **give up**	**１**〈規則的に続けていることを〉やめる **２**…をあきらめる
439 ☑ **by the way**	ところで
440 ☑ **on** *one's* **way to ...**	…に行く途中で
441 ☑ **Ⓐ as well as Ⓑ**	ⒷだけでなくⒶもまた
442 ☑ **as soon as ...**	…するとすぐに
443 ☑ **as usual**	いつものように
444 ☑ **for a while**	しばらくの間
445 ☑ **get back**	**１**戻る **２**〈失った物を〉取り戻す
446 ☑ **get out of ...**	…から(外へ)出る
447 ☑ **run into ...**	〈困難などに〉ぶつかる；〈人に〉偶然会う
448 ☑ **run out of ...**	…がなくなる；…を使い果たす
449 ☑ **go** *doing*	…をしに行く
450 ☑ **take Ⓐ for Ⓑ**	ⒶをⒷだと(誤って)思う

☑ The journalist didn't **give in to** any pressure.	▶そのジャーナリストはどんな圧力にも負けなかった.
☑ My father **gave up** drinking.	▶父はお酒をやめた.
☑ **By the way**, how's your mother?	▶ところで, お母さんはお元気ですか？
☑ I did some shopping **on my way to** the station.	▶私は駅に行く途中で少し買い物をした.
☐ She is a singer **as well as** a pianist.	▶彼女はピアニストであるだけでなく, 歌手でもある.
☐ She washed her hands **as soon as** she came home.	▶家に帰るとすぐに彼女は手を洗った.
☑ **As usual**, my parents sent me a Christmas card.	▶いつものように, 両親は私にクリスマスカードを送ってくれた.
☑ He kept silent **for a while**.	▶彼はしばらくの間黙っていた.
☑ When did you **get back** from Paris?	▶パリからいつ戻ったのですか？
☑ Please **get out of** the car.	▶車から出てください.
☑ The new project **ran into** a lot of problems.	▶その新プロジェクトはたくさんの問題にぶつかった.
☑ We are **running out of** water.	▶もう水がなくなりそうです.
☑ Let's **go shopping**!	▶買い物に行こうよ！
☑ I often **take** Susan **for** her twin sister, Kay.	▶私はスーザンを, 彼女の双子の姉であるケイとよく間違えてしまう.

STAGE 3

ask [ǽsk | あスク] →p. 34

コアイメージ 「言葉を使って情報や助けを求める」

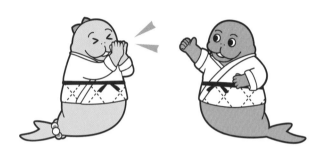

②①③ [ask for + 名詞] ランキング

☐ S408 **第1位** **ask for** help ▶ 助けを求める

☐ Don't ask for help so soon. ▶ そんなにすぐ助けを求めるな.

☐ S409 **第2位** **ask for** advice ▶ アドバイスを求める

☐ She asked for advice from her teacher. ▶ 彼女は教師にアドバイスを求めた.

☐ S410 **第3位** **ask for** information ▶ 情報を求める

☐ The tourist asked for information at the tourist office. ▶ その観光客は, 観光案内所で情報を求めた.

☐ S411 **第4位** **ask for** money ▶ お金を無心する

☐ Some people were asking for money on the street. ▶ 通りでお金を求めている人々がいた.

☐ S412 **第5位** **ask for** details ▶ 詳細な情報を求める

☐ He asked for details on the phone. ▶ 彼は電話口で詳細な情報を求めた.

call [kɔ́ːl | コーる] →p. 34

コアイメージ 「大きな声で叫ぶ, 声を出して呼ぶ」

🏆 [call + 名詞] ランキング

☑ S413 **第1位** **call** the police	▶ (電話をかけて) 警察を呼ぶ
☑ The man **called the police** for help.	▶ その男性は助けを求めて警察に電話した.
☑ S414 **第2位** **call** a meeting	▶ 会議を招集する
☑ He **called a meeting** to discuss the project.	▶ そのプロジェクトについて話し合うため, 彼は会議を招集した.
☑ S415 **第3位** **call** an ambulance	▶ (電話をかけて) 救急車を呼ぶ
☑ I saw an injured woman and **called an ambulance**.	▶ けがをした女性を見て, 私は救急車を呼んだ.
☑ S416 **第4位** **call** an election	▶ 選挙を行う
☑ The government **called an election** last month.	▶ 政府は先月, 選挙を行った.
☑ S417 **第5位** **call** a doctor	▶ 医者を呼ぶ
☑ Shall I **call a doctor** for you?	▶ 医者を呼びましょうか.

動作

451 ☑ **turn**¹ 　p. 213 道場
[tə́ːrn | ター〜ン]
A1

動 **1**（…の）向きを変える
2 …を回す；回転する

452 ☑ **shut**
[ʃʌ́t | シャット]
過去・過分 shut
A2

動 …を閉める, 閉じる
対義 **open** あける

453 ☑ **hit**
[hít | ヒット]
過去・過分 hit
A2

動 …を打つ, たたく

454 ☑ **quick**
[kwík | クウィック]
A2

形 速い, 素早い
関連 **quickly** すぐに

音・声

455 ☑ **sing**
[síŋ | スィン〟]
過去 sang
過分 sung
A1

動 …を歌う
関連 **singer** 歌手

456 ☑ **shout**
[ʃáut | シャウト]
B1

動（…を）叫ぶ

457 ☑ **silent**
[sáilənt | サイレント]
B1

形 静かな；沈黙している
関連 **silence** 静けさ

458 ☑ **aloud**
[əláud | アらウド]
B1

副 声を出して
関連 **loud**（声が）大きい

459 ☑ **noise**
[nɔ́iz | ノイズ]
A1

名（不快な）音, 騒音
関連 **noisy** 騒がしい

☑ ﾁｬﾝｸ turn **my head to Ⓐ**	顔を **Ⓐ** に向ける	
☐ Lisa **turned** her head to Bob.	▶リサはボブの方に顔を向けた.	

☑ ﾁｬﾝｸ shut **the door**	ドアを閉める	
☐ Could you **shut** the window?	▶窓を閉めてくださいませんか?	

☑ ﾁｬﾝｸ hit **a ball with a bat**	バットでボールを打つ	
☐ He **hit** 45 home runs this season.	▶彼は今季, ホームランを 45 本打った.	

☑ ﾁｬﾝｸ Be quick!	急いで(圖 早くしなさい)!	
☐ I had a **quick** breakfast.	▶私は急いで朝食を食べた (圖 素早い朝食をとった).	

☑ ﾁｬﾝｸ sing **a song**	歌を歌う	
☐ **Sing** that beautiful song, please.	▶あの美しい歌を歌ってください.	

☑ ﾁｬﾝｸ shout **for help**	助けを求めて叫ぶ	
☐ The man **shouted** for help.	▶その男性は助けを求めて叫んだ.	

☑ ﾁｬﾝｸ a silent **room**	静かな部屋	
☐ It was a **silent** night.	▶静かな夜だった.	

☑ ﾁｬﾝｸ read **aloud**	声を出して読む	
☐ Please read the poem **aloud**.	▶声を出してその詩を読んでください.	

☑ ﾁｬﾝｸ make **a noise**	音を立てる	
☐ I couldn't sleep last night because you were making so much **noise**.	▶君たちがうるさくて (圖 大きな音を立てるから) ゆうべは眠れなかったよ.	

STAGE 3

143

物・物質

460 ☐ **thing**
[θíŋ | **すィ**ング]
A1

名 ❶ (形のある)物, 物体
　❷ 事, 事柄

---

461 ☐ **water**
[wɔ́:tər | **ウォー**タ]
A1

名 水(◆温度に関係なく湯にも用いる)
　関連 **oil** 油

---

462 ☐ **ice**
[áis | **ア**イス]
A1

名 氷

---

463 ☐ **stone**
[stóun | **ス**トウン]
A1

名 石；石材

時 間

464 ☐ **early**
[ə́:rli | **ア**～り]
A1
A2

副 早く
形 早い；初期の

---

465 ☐ **late**
[léit | **れ**イト]
比較 later
最上 latest
A1

形 ❶ 遅れた, 遅刻した
　関連 **lately** 最近
　❷ 〈時刻が〉遅い

---

466 ☐ **hour**
[áuər | **ア**ウア]
発音
A1

名 1 時間

---

467 ☐ **minute**
[mínit | **ミ**ニット]
A1

名 ❶ 1 分
　❷ 少しの間

---

468 ☐ **second**²
[sékənd | **セ**カンド]
A2

名 ❶ 1 秒
　❷ 少しの間

☑ チャンク **buy things**　　　　　　　　物を買う
☑ She bought many **things** at the store.　▶彼女はその店でたくさんの物を買った.

☑ チャンク **drink some water**　　　　　　水を飲む
☑ I usually drink a glass of **water** before ▶私はたいてい就寝前にコップ1杯の水を飲む.
going to bed.

☑ チャンク **be covered with ice**　　　　氷に覆われている
☑ The lake was covered with **ice**.　　▶その湖は氷に覆われていた.

☑ チャンク **throw a stone**　　　　　　　石を投げる
☑ Don't throw **stones** in the pond.　　▶池に石を投げてはいけません.

☑ チャンク **early in the morning**　　　朝早く
☑ I always get up **early** in the morning. ▶私はいつも朝早く起きる.

☑ チャンク **be late for work**　　　　　仕事に遅刻している
☑ I was five minutes **late** for school.　▶私は学校に5分遅刻した.

☑ チャンク **for an hour**　　　　　　　　1時間
☑ We watched TV for two **hours**.　　▶私たちは2時間テレビを見た.

☑ チャンク **in ten minutes**　　　　　　10分で
☑ You can get there in ten **minutes**.　▶そこへは10分で着けますよ.

☑ チャンク **for a few seconds**　　　　数秒間
☑ She closed her eyes for a few ▶彼女は数秒間目を閉じた.
seconds.

STAGE 3

時間

469 ☑ **future**
[fjúːtʃər | ふューチャ] **A1** / **B1**
名 未来
形 未来の

470 ☑ **past**
[pǽst | パあスト] **B1**
名 過去
形 過去の

471 ☑ **age**
[éidʒ | エイヂ] **A1**
名 年齢

472 ☑ **suddenly**
[sʌ́dnli | サドゥンり] **B1**
副 突然, 急に
関連 sudden 突然の

よい

473 ☑ **well**
[wél | ウェる] **A1**
比較 better
最上 best **A1**
副 ❶ 上手に
　 ❷ よく, 十分に
形 健康で(ある)

474 ☑ **fine**
[fáin | ふァイン] **A1**
形 元気で(ある);すばらしい

475 ☑ **wonderful**
[wʌ́ndərfl | ワンダふる] **A1**
形 すばらしい

476 ☑ **unique**
[juːníːk | ユーニーク] **B1**
形 ❶ (唯一無二で)すばらしい(◆日本語の「ユニーク」
　 とは意味が異なる)
　 ❷ 唯一の

477 ☑ **comfortable**
[kʌ́mfərtəbl | カンふァタブ
る] **A2**
形 快適な, 心地よい
対義 uncomfortable 不快な

☑ チャンク **in the** future / 将来
☑ What do you want to be in the future? ▶あなたは将来何になりたいですか？

☑ チャンク **a thing of the** past / 過去のこと
☑ Just forget it. It's a thing of the past. ▶もう忘れなよ．過去のことなんだから．

☑ チャンク **at the** age **of three** / 3歳のときに
☑ She went to France at the age of five. ▶彼女は5歳のときにフランスへ行った．

☑ チャンク stop **suddenly** / 突然止まる
☐ The bus stopped suddenly. ▶バスは急停車した（直 突然止まった）．

☑ チャンク act **well** / 上手に演じる
☑ He sings very well. ▶彼は歌がとてもうまい（直 とても上手に歌を歌う）．

☑ チャンク **I'm** fine**.** / （私は）元気です．
☐ "How are you?"
"I'm fine, thank you. And you?" ▶「元気ですか？」
「はい，元気です．あなたは？」

☑ チャンク **a** wonderful **time** / すばらしい時間
☑ We had a wonderful time in London. ▶私たちはロンドンですばらしい時を過ごした．

☑ チャンク **a** unique **experience** / すばらしい経験
☑ The bike tour was a unique experience. ▶その自転車旅行はすばらしい経験になった．

☑ チャンク **a** comfortable **trip** / 快適な旅
☐ My bed is really comfortable. ▶私のベッドはとても寝心地がよい．

STAGE 3

建物・施設

478 ☑ **building**
[bíldiŋ | **ビ**るディン_グ]
A1

名建物, 建造物
関連 build 建てる

479 ☑ **floor**
[flɔ́:r | ふ**ろー**(ア)]
A1

名床;(建物の)階

480 ☑ **library**
[láibreri | **ら**イブレリ]
A1

名図書館

481 ☑ **bridge**
[brídʒ | ブ**リッ**ヂ]
A1

名橋

位置・方向

482 ☑ **side**
[sáid | **サ**イド]
A1

名❶(空間上の)側, 面
❷(問題などの)側面

483 ☑ **high**
[hái | **ハ**イ]
A1
A2

形高い
関連 highly とても, 大いに(◆veryと同義)
副高く

484 ☑ **low**
[lóu | **ろ**ウ]
A2
A2

形低い
副低く

485 ☑ **north**
[nɔ́:rθ | **ノー**す]
A2
A2

名北(部)
形北の
対義 south 南(の)

486 ☑ **east**
[í:st | **イー**スト]
A2
A2

名東(部)
形東の
対義 west 西(の)

☑ チャンク **a school** building ・ 校舎(⬛ 学校の建物)
☑ That is our new school **building**. ▶あそこに見えるのが私たちの新校舎です.

☑ チャンク **the third** floor ・ ３階
☑ Do the dishes and clean the **floor**. ▶お皿を洗ったら床を掃除してね.

☑ チャンク **the city** library ・ 市立図書館
☑ I often study at the city **library** after school. ▶放課後, 私はよく市立図書館で勉強する.

☑ チャンク **cross a** bridge ・ 橋を渡る
☑ If you cross that **bridge**, you will find the gift shop. ▶橋を渡ればそのみやげ物店がありますよ.

☑ チャンク **on this** side **of the lake** ・ 湖のこちら側に
☑ There are many trees on both **sides** of the street. ▶その道の両側にはたくさんの木々が立ち並んでいる.

☑ チャンク **a high** tower ・ 高いタワー
☑ My father's office is in that **high** building. ▶父の会社はあの高いビルの中にあります.

☑ チャンク **a low** table ・ 低いテーブル
☑ Please bring the **low** table for the children. ▶子どもたちのために低いテーブルを持ってきてください.

☑ チャンク **the north of** Germany ・ ドイツ北部
☑ She was born in a town in the **north** of Italy. ▶彼女はイタリア北部の町で生まれた.

☑ チャンク **the east of** the town ・ 町の東部
☑ The church is in the **east** of the village. ▶その教会は村の東部にあります.

STAGE 3

149

例文で覚える英熟語

487 ☑	**be fond of ...**	…が好きである
488 ☑	**be in trouble**	困っている
489 ☑	**carry out**	…を実行する, 実施する
490 ☑	**come across ...**	(偶然) …に出会う
491 ☑	**hold on**	(電話を切らずに) 待つ
492 ☑	**make fun of ...**	…をからかう
493 ☑	**make sure**	(…を) 確かめる (of ...)
494 ☑	**show off**	…を見せびらかす
495 ☑	**show up**	(約束どおりに) 姿を見せる, 現れる
496 ☑	**throw away**	…を (投げ) 捨てる
497 ☑	**before long**	やがて, まもなく
498 ☑	**because of ...**	…のために, …の理由で
499 ☑	**in other words**	言い換えれば, つまり
500 ☑	**when it comes to ...**	…に関して言えば, …のことになると (◆...には名詞・代名詞・動名詞がくる)

☑ My son **is** very **fond of** cooking. ▶私の息子は料理がとても好きだ.

☑ Call me anytime if you **are in trouble**. ▶困ったことがあったらいつでも電話してね.

☑ We are going to **carry out** the project. ▶我々はその計画を実行するつもりだ.

☑ I **came across** an old friend of mine on the train yesterday. ▶昨日, 電車の中でばったり旧友に出会った.

☑ **Hold on** a minute, please. ▶電話はお切りにならずに, 少々お待ちください.

☑ Don't **make fun of** me. ▶ぼくをからかわないでくれ.

☑ I **made sure of** the arrival time of the next train. ▶私は次の列車の到着時刻を確かめた.

☑ He **showed off** his new bike to us. ▶彼はぼくたちに新しい自転車を見せびらかした.

☑ The party was almost over when Tom **showed up**. ▶トムが姿を見せたとき, パーティーはほぼ終わりだった.

☑ Don't **throw away** the plastic bottle. ▶そのペットボトルを投げ捨てちゃだめだよ.

☑ Peace will come to the country **before long**. ▶その国にはやがて平和が訪れるだろう.

☑ I was in bed all day long **because of** a bad cold. ▶ひどいかぜのために私は1日中寝込んでいた.

☑ **In other words**, we can't see her anymore. ▶言い換えれば, ぼくたちはもう彼女に会えないんだ.

☑ **When it comes to playing** the guitar, Bob is the best in our school. ▶ギターを弾くことに関して言えば, ボブは私たちの学校で一番だ.

STAGE 3

151

❶ Scene 5 昼休み During a Lunch Break

S418 ☑ ①ウスターソース
Worcester sauce
[wústər sɔ̀ːs]

S419 ☑ ②割りばし
disposable chopsticks
[dispóuzəbl tʃápstiks]

S420 ☑ ③紙コップ
paper cup
[pèipər kʌ́p]

S421 ☑ ④入り口
entrance
[éntrəns]

S422 ☑ ⑤自動販売機
vending machine
[véndiŋ məʃìːn]

昼休みの行動 Actions during a Lunch Break

S423 ☑ 料理を選ぶ
choose a dish

S424 ☑ （ランチの）勘定を払う
pay for lunch

S425 ☑ 残さず食べる
eat everything up

S426 ☑ ベンチでおしゃべりをする **chat on a bench**

S427 ☑ 屋上でくつろぐ
relax on the roof

S428 ☑ 本を読む
read a book

152

Scene 6 放課後のクラブ活動 Club Activities after School

S429 ☑ ①マイク
microphone
[máikrəfòun]

S430 ☑ ②楽譜
sheet music
[ʃíːt mjùːzik]

S431 ☑ ③幕
drapes
[dréips]

S432 ☑ ④舞台
stage
[stéidʒ]

S433 ☑ ⑤衣装
costume
[kástjuːm]

バンド音楽 Band Music

S434 ☑ リードボーカルを
務める
be the lead vocalist

S435 ☑ エレキギターを弾く
play the electric guitar

S436 ☑ キーボードを弾く
play the keyboard

S437 ☑ ドラムをたたく
play the drums

S438 ☑ ベースを弾く
play the bass guitar

S439 ☑ ギターで弾き語りを
する **sing to my own
accompaniment
on the guitar**

STAGE 3

153

回数・頻度

501 ☑ **once**
[wʌ́ns | ワンス]
A1

副 **1** 1回, 1度
2 かつて

502 ☑ **twice**
[twáis | トゥワイス]
A2

副 2回, 2度(◆two times ともいう)

503 ☑ **again**
[əgén | アゲン]
A1

副 もう一度, 再び

504 ☑ **regular**
[régjələr | レギュら]
A2

形 規則正しい, 定期的な
関連 regularly 規則的に

位置・方向

505 ☑ **left**
[léft | れふト]
A1
A2

A1 形 左の
A2 名 左

506 ☑ **right**¹
[ráit | ライト]
A1
A2

A1 形 右の
A2 名 右

507 ☑ **near**
[níər | ニア]
B1
B1

B1 形 (距離・時間が)近い
B1 副 近くへ

508 ☑ **far**
[fáːr | ふァー]
比較 farther
最上 farthest
A2
B2

A2 副 遠くへ
B2 形 遠い

509 ☑ **ahead**
[əhéd | アヘッド]
A2

副 前へ
対義 behind 後ろへ

☑ チャンク **once** a month　　月に1回
☑ I have a piano lesson **once** a week. ▶私は週に1回ピアノを習っている.

☑ チャンク **twice** a year　　年に2回
☑ I go to the gym **twice** a week. ▶私は週に2回そのジムに通っている.

☑ チャンク **try** again　　もう一度**やってみる**
☑ I'm glad to see you **again**. ▶あなたに再び会えてうれしいです.

☑ チャンク **regular** meetings　　定期的な**ミーティング**
☑ You should eat **regular** meals. ▶あなたは規則正しい食事をとるべきだ.

☑ チャンク my **left** hand　　私の**左手**
☑ I injured my **left** hand. ▶私は左手にけがをした.

☑ チャンク my **right** leg　　私の**右足**
☑ He hurt his **right** leg. ▶彼は右足を痛めた.

☑ チャンク in the **near** future　　近い**将来**
☑ The movie theater is **near** to the station. ▶その映画館は駅に近い.

☑ チャンク go **far**　　遠くへ行く
☑ We drove **far** from town. ▶私たちは町から遠く離れた所までドライブをした.

☑ チャンク go straight **ahead**　　まっすぐ(値 まっすぐ前へ)行く
☑ Go straight **ahead** and you'll get to the station. ▶まっすぐ行けば駅に出ますよ.

STAGE 3

155

物・物質

510 ☑ **fire**
[fáiər | ふア**イ**ア]
- A1 名火；火事
- B2 動(銃などを)発砲する，撃つ

511 ☑ **smoke**
[smóuk | ス**モ**ウク]
- A1 名煙
- A2 動たばこを吸う

512 ☑ **poison**
[pɔ́izn | **ポ**イズン]
- 名毒(薬)
- B1

513 ☑ **burn**
[bə́ːrn | **バ**～ン]
過去・過分 burned,
burnt
- 動燃える；…を燃やす
- B1

情報

514 ☑ **sign**
[sáin | **サ**イン]
🔊 発音
- A1 名記号；標識(◆有名人などの「サイン」は autograph)
- B1 動(文書などに)署名する，サインする

515 ☑ **message**
[mésidʒ | **メ**セッヂ]
- 名伝言，メッセージ
- A1

516 ☑ **report**
[ripɔ́ːrt | リ**ポ**ート]
- A2 名報告(書)(◆学校の授業などで提出する「レポート」は paper)
- B1 動(…を)報道する

517 ☑ **record**
名 [rékərd | **レ**カド]
動 [rikɔ́ːrd | リ**コ**ード]
🔊 アクセント
- B1 名記録
- A2 動…を記録する

518 ☑ **newspaper**
[njúːzpèipər | **ニ**ューズ
ペイパ]
- 名新聞(◆単に paper ともいう)
- A1

☐ チャンク **put out a** fire | 火を消す
☐ There was a fire near the station. | ▶駅の近くで火事があった.

☐ チャンク **a cloud of** smoke | 大量の煙
☐ A cloud of smoke was rising from the building. | ▶そのビルから大量の煙が立っていた.

☐ チャンク poison **of a fish** | 魚の毒
☐ The poison of this fish is very strong. | ▶この魚の毒は非常に強い.

☐ チャンク burn **brightly** | 赤々と燃える
☐ The fire was still burning brightly. | ▶火はまだ赤々と燃えていた.

☐ チャンク **a plus** sign | プラス記号
☐ Look at that road sign. | ▶あの道路標識を見なさい.

☐ チャンク **take a** message | 伝言を承る
☐ Jane left a message for you. | ▶ジェーンからあなたに伝言がありますよ.

☐ チャンク **write a** report | 報告書を書く
☐ I have to make a report on the problem. | ▶私はその問題について報告しなければならない.

☐ チャンク break **a** record | 記録を更新する
☐ She may break the world record. | ▶彼女は世界記録を更新するかもしれない.

☐ チャンク **a morning** newspaper | 朝刊(● 朝の新聞)
☐ My father reads the morning newspaper on the train. | ▶父は電車の中で朝刊を読む.

STAGE 3

LESSON 13

類似・違い

519 ☐ type
[táip | **タイプ**]
A1

名 型；種類
関連 typical 典型的な

520 ☐ such
[sʌ́tʃ | **サッチ**]
A2

形❶ そのような（◆such(a, an)＋名詞の形で）
❷ そんなに…な（◆such(a, an)＋形容詞＋名詞の形で）

521 ☐ strange
[stréindʒ | **ストゥレインヂ**]
A1

形 奇妙な, 不思議な
関連 stranger 見知らぬ人

522 ☐ else
[éls | **エ**るス]
A1

副 （その）ほかに[の]

変化

523 ☐ change A1
[tʃéindʒ | **チェインヂ**] A1

動 …を変える；変わる
名 変化

524 ☐ grow
[gróu | **グロウ**]
過去 grew
過分 grown
A1

動❶ 成長する
関連 growth 成長
❷ …を栽培する

525 ☐ keep¹ p. 261 道場
[kíːp | **キープ**]
過去・過分 kept
A1

動 （ずっと）…の状態にある
関連 remain （同じ状態の）ままでいる

526 ☐ become
[bikʌ́m | ビ**カ**ム]
過去 became
過分 become
A1

動 （…に）なる

527 ☐ turn² p. 213 道場
[tə́ːrn | **タ**〜ン]
A1

動 （ある状態に）なる

158

☑ チャンク **this type of bag** この型のバッグ
☑ I want this type of sofa. ▶私はこの型のソファーが欲しい.

☑ チャンク **such a person** そのような人
☑ Don't say such a thing, please. ▶そのようなことを言わないでください.

☑ チャンク **a strange sound** 奇妙な物音
☑ A strange thing happened yesterday. ▶きのう奇妙なことが起こりました.

☑ チャンク **something else** 何かほかのもの
☑ I want to drink something else. ▶何かほかのものが飲みたい.

☑ チャンク **change everything** すべてを変える
☑ The President said, "Yes, we can change." ▶大統領は「そう，我々は変わることができる」と言った.

☑ チャンク **grow slowly** ゆっくり成長する
☑ Children grow very quickly. ▶子どもは成長するのがとても早い.

☑ チャンク **Keep warm.** 暖かくしていなさい.
☑ He kept quiet during the meeting. ▶会議の間，彼はずっとだまっていた（直 静かな状態にあった）.

☑ チャンク **become a teacher** 先生になる
☑ I want to become a pianist and play all over the world. ▶私はピアニストになって，世界中で演奏したい.

☑ チャンク **turn red** 赤くなる
☑ The leaves of the trees are turning red. ▶木々の葉が赤く色づきはじめている（直 赤くなっている）.

行為・行動

528 ☑ **exercise** `A2`
[éksərsàiz | エクササイズ]
`A1`

名❶（健康維持などのための）運動
❷ 練習問題
動 運動する

529 ☑ **activity**
[æktívəti | あクティヴィティ]
`A1`

名 活動
関連 active 活動的な

530 ☑ **rest** `B1`
[rést | レスト] `B1`

名 休み, 休憩（◆break と同義）
動（座るなどして）休む

531 ☑ **style**
[stáil | スタイる]
`A2`

名❶ 様式, やり方
❷（流行の）型（◆「体つき」を意味する
日本語の「スタイル」の意味はない）

始まり・終わり

532 ☑ **start**
[stáːrt | スタート]
`A1`

動❶ …を始める；始まる
☞【start *do*ing [to *do*]】 …しはじめる
❷ 出発する

533 ☑ **stop**
[stáp | スタップ]
`A1`

動❶ …をやめる
☞【stop *do*ing】 …することをやめる
❷ 止まる

534 ☑ **end** `A1`
[énd | エンド]
`A2`

名 終わり, 最後
対義 beginning 始まり
動 終わる

535 ☑ **finally**
[fáinəli | ふァイナり]
`A2`

副 ついに, とうとう
関連 final 最終的な

536 ☑ **original**
[ərídʒənl | オリヂヌる]
`A2`

形 本来の；〈考えなどが〉独創的な
関連 origin 起源

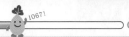
☑ チャンク **light exercise** 　　　　軽い運動
☑ I often do light **exercise** in the morning.　　　▶私はよく朝に軽い運動をする.

☑ チャンク **club activities** 　　　　クラブ活動
☑ We have club **activities** today.　　　▶きょうはクラブ活動がある.

☑ チャンク **have a good rest** 　　　　よく休む(圓 十分な休みをとる)
☑ Are you OK? You should have a good **rest**.　　　▶大丈夫ですか？ よく休んだほうがいいですよ.

☑ チャンク**the Japanese style of living**　　日本の生活様式
☑ I like the Hawaiian **style** of living.　　　▶私はハワイの生活様式が好きだ.

☑ チャンク **start work** 　　　　仕事を始める
☑ Birds **started flying [to fly]** north.　　　▶鳥たちが北へ飛び立ちはじめた.

☑ チャンク **stop talking** 　　　　おしゃべりをやめる
☑ You should **stop eating** so much.　　　▶食べすぎはやめたほうがいいですよ.

☑ チャンク **at the end of the day** 　　　　1 日の終わりに
☑ The movie was very long.
But I saw it until the **end**.　　　▶その映画はとても長かった.
しかし私は最後までそれを見た.

☑ チャンク **finally find a job** 　　　　ついに仕事を見つける
☑ I **finally** finished the difficult job.　　　▶私はついにその難しい仕事を終えた.

☑ チャンク **the original plan** 　　　　当初の計画
☑ Do you know the **original** meaning of this word?　　　▶この語の本来の意味を知っていますか？

STAGE 3

例文で覚える英熟語

537 ☑ **at once**	すぐに
538 ☑ **grow up**	成長する, 大人になる
539 ☑ **keep up with ...**	…に遅れずについて行く
540 ☑ **keep Ⓐ from** *do***ing**	Ⓐに…させないようにする
541 ☑ **shut down**	〈工場などを〉閉鎖する, 閉める
542 ☑ **shut up**	黙る（◆通例命令文で用いる）
543 ☑ **turn into ...**	…に変わる
544 ☑ **put up with ...**	(不平を言わずに) …を我慢する
545 ☑ **used to** *do*	(以前は)よく…したものだ (◆usedは [júːst｜ユース(ト)] と発音)
546 ☑ **be used to ...**	…に慣れている (◆...には名詞・代名詞・動名詞がくる)
547 ☑ **get used to ...**	…に慣れる (◆...には名詞・代名詞・動名詞がくる)
548 ☑ **as far as ...**	(場所を表して) …まで
549 ☑ **It is said that ...**	…であるといわれている
550 ☑ **take a rest**	ひと休みする

☑ Let's start **at once**. ▶すぐに始めましょう.

☑ The boy **grew up** and became a great baseball player. ▶少年は成長し, 偉大な野球選手になった.

☑ He walks very fast. So, I can't **keep up with** him. ▶彼は歩くのがとても速いので, 私はついて行けない.

☑ The heavy rain **kept us from going** out. ▶大雨で我々は外出できなかった (⚫ 大雨は我々を外出させなかった).

☑ The plant was **shut down** soon after the accident. ▶その事故のすぐ後, 工場は閉鎖された.

☑ **Shut up!** ▶黙りなさい！

☑ The rain **turned into** snow late at night. ▶夜更けに雨は雪に変わった.

☑ I can't **put up with** that noise. ▶あの騒音には我慢できない.

☑ We **used to** play soccer in the park. ▶私たちはその公園でよくサッカーをしたものだ.

☑ She **is used to getting** up early. ▶彼女は早起きに慣れている.

☑ I soon **got used to going** to school by train during rush hour. ▶ぼくはすぐにラッシュアワーに電車で通学することに慣れた.

☑ We walked **as far as** the station. ▶私たちは駅まで歩いた.

☑ **It is said that** he knows the truth about the case. ▶彼がその事件に関する真実を知っているといわれている.

☑ Let's **take a rest** around here. ▶この辺りでひと休みしましょう.

STAGE 3

give [gív | ギブ] →p. 136

コアイメージ 「自分から相手へ与える」

[give + 名詞] ランキング

☑ S440 **第1位** **give a chance**	▶ チャンスを与える
☑ She gave a second chance to her boyfriend.	▶ 彼女はボーイフレンドにセカンドチャンスを与えた.
☑ S441 **第2位** **give time**	▶ 時間を与える
☑ I gave myself time to think carefully about it.	▶ 私は，それについてしっかり考えるために時間を取った.
☑ S442 **第3位** **give an opportunity**	▶ 機会を与える
☑ His parents gave an opportunity to him to study abroad.	▶ 彼の両親は，彼に留学する機会を与えた.
☑ S443 **第4位** **give details**	▶ 詳細を述べる
☑ We are giving details about the concert in a few hours.	▶ 数時間後，そのコンサートに関する詳細をお知らせいたします.
☑ S444 **第5位** **give the impression of ...**	▶ …という印象を与える
☑ He often gives the impression of being shy.	▶ 彼はよく内気という印象を与える.

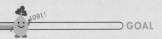

help [hélp|へるプ]　　　→p. 46

コアイメージ 「助ける, 手を貸す」

📊 [help +〈人〉(to) do]ランキング

☑ S445 第1位 help Ⓐ (to) get ...	▶〈Ⓐが〉…を手に入れるのを手伝う
☑ They helped my brother get a job.	▶ 彼らは兄の就職を世話してくれた.
☑ S446 第2位 help Ⓐ (to) understand ...	▶〈Ⓐが〉…を理解するのに役立つ
☑ The book will help you understand Western culture.	▶ この本は西洋文化を理解するのに役立つでしょう.
☑ S447 第3位 help Ⓐ (to) find ...	▶〈Ⓐが〉…を見つけるのを手伝う
☑ Will you help me find my key?	▶ かぎを探すのを手伝ってくれますか?
☑ S448 第4位 help Ⓐ (to) see ...	▶〈Ⓐが〉…を理解するのに役立つ
☑ The movie helped the students see the history of Japan.	▶ その映画は生徒たちが日本の歴史を理解するのに役立った.
☑ S449 第5位 help Ⓐ (to) make ...	▶〈Ⓐが〉…をつくるのを手伝う
☑ My big brother helped me make a cake.	▶ 兄は, 私がケーキをつくるのを手伝った.

人・職業

551 ☐ **guest**
[gést | ゲスト]
A1

名 ゲスト, 客
対義 host 主人

552 ☐ **guide**
[gáid | ガイド]
B1
B1

名 ガイド, 案内人
動 …をガイドする, 案内する

553 ☐ **queen**
[kwí:n | クウィーン]
A2

名 《しばしば Queen で》女王
関連 king 王

情報

554 ☐ **information**
[ìnfərméiʃn | インふォメイ
ション]
A1

名 情報

555 ☐ **news**
[njú:z | ニューズ]
⟨発音⟩
A1

名 **1** ニュース, 報道
2 知らせ

556 ☐ **program**
[próugræm | プロウグラぁ
ム]
A1

名 **1** (テレビなどの)番組
2 (大規模な)計画

557 ☐ **story**
[stɔ́:ri | ストーリ]
A1

名 話, 物語

558 ☐ **secret**
[sí:krit | スィークレット]
A2
B1

名 秘密
形 秘密の

559 ☐ **symbol**
[símbl | スィンブる]
A2

名 象徴; 記号

☑ チャンク **a special** guest 　　特別ゲスト
☑ A special **guest** was invited to the
event.
▶特別ゲストがそのイベントに招かれた.

☑ チャンク **a tour** guide 　　ツアーガイド
☑ My aunt works as a tour **guide** in
Rome.
▶私のおばはローマでツアーガイドとして働いている.

☑ チャンク Queen **Victoria** 　　ビクトリア女王
☑ **Queen** Elizabeth gave a great
speech.
▶エリザベス女王はすばらしい演説をした.

☑ チャンク **personal** information 　　個人情報
☑ I usually get **information** about the
band through the Internet.
▶私はそのバンドの情報をたいていインターネットで入手している.

☑ チャンク **the latest** news 　　最新ニュース
☑ I was shocked by the **news**.
▶私はそのニュースにショックを受けた.

☑ チャンク **a TV** program 　　テレビ番組
☑ I forgot to record the TV **program**.
▶私はそのテレビ番組を録画し忘れてしまった.

☑ チャンク **tell a** story 　　話をする
☑ My mother told me a **story** about
a bear.
▶母は私に1匹のクマの話をしてくれた.

☑ チャンク **keep a** secret 　　秘密を守る
☑ She promised to keep the **secret**.
▶彼女はその秘密を守ると約束した.

☑ チャンク **a symbol** of love 　　愛の象徴
☑ The Eiffel Tower is the **symbol**
of Paris.
▶エッフェル塔はパリの象徴だ.

STAGE 3

期間

560 ☐ **since**
[síns | スィンス]
A2 前 …以来ずっと
B1 接 …して以来(ずっと)

561 ☐ **continue**
[kəntínju: | コンティニュー]
A2
動 …を続ける；続く
【continue *do*ing [to *do*]】…し続ける

562 ☐ **last**[2]
[lǽst | らぁスト]
B1
動 続く

真偽・正誤

563 ☐ **real**
[rí:əl | リー(ア)る]
A1
形 (存在が)現実の；〈理由などが〉本当の
関連 reality 現実

564 ☐ **true**
[trú: | トゥルー]
A1
形 本当の, 真実の
対義 false 間違った

565 ☐ **truth**
[trú:θ | トゥルーす]
A2
名 真実

566 ☐ **right**[2]
[ráit | ライト]
A1 形 〈答えなどが〉正しい
A2 名 権利

567 ☐ **correct**
[kərékt | コレクト]
A1
形 〈答えなどが〉正しい(◆right と同義)
対義 incorrect 間違った

568 ☐ **wrong**
[rɔ́(:)ŋ | ロ(ー)ング]
発音
A1
形 間違っている；(道徳的に)悪い

☐ **チャンク** since then | それ以来ずっと
☐ I haven't eaten anything since this morning. | ▶私は今朝からずっと何も食べていない.

☐ **チャンク** continue the lesson | レッスンを続ける
☐ She continued helping [to help] poor people. | ▶彼女は貧しい人々を援助し続けた.

☐ **チャンク** last for a week | 1週間続く
☐ The festival lasted for three days. | ▶その祭りは3日間続いた.

☐ **チャンク** the real world | 現実世界
☐ Lisa woke up from a dream and came back to the real world. | ▶リサは夢から目覚め, 現実世界へ引き戻された.

☐ **チャンク** a true story | 本当の話
☐ I hope you find true love someday. | ▶君がいつの日か本当の愛にめぐり合えますように.

☐ **チャンク** tell the truth | 真実を話す
☐ Please tell me the truth. | ▶私には真実を話してください.

☐ **チャンク** the right choice | 正しい選択
☐ Could you give me the right answer? | ▶正しい答えを教えてくれますか?

☐ **チャンク** the correct way | 正しい方法
☐ Am I correct? | ▶(私の答えは)正解ですか?

☐ **チャンク** a wrong number | 間違い電話(⑩ 間違った番号)
☐ I got on the wrong train. | ▶私は電車を乗り間違えた (⑩ 間違った電車に乗った).

STAGE 3

法律・犯罪

569 ☑ **police** [pəlíːs｜ポリース] A2	名警察（◆複数扱い） 関連 police officer 警察官	

570 ☑ **law** [lɔ́ː｜ろー] A2	名法律 関連 lawyer 弁護士	

571 ☑ **steal** [stíːl｜スティーる] 過去 stole 過分 stolen　A2	動…を盗む	

572 ☑ **arrest** [ərést｜アレスト] B1	動…を逮捕する 🗲 【be arrested for Ⓐ】 　Ⓐの容疑で逮捕される	

心・感情

573 ☑ **feeling** [fíːliŋ｜ふィーりンッ] A1	名感情；気持ち 関連 feel 感じる	

574 ☑ **surprise** [sərpráiz｜サプライズ] A1	名驚き 関連 surprised 驚いている	

575 ☑ **afraid** [əfréid｜アふレイド] A1	形恐れて（いる） 関連 fear 恐怖，恐れ 🗲 【be afraid of Ⓐ】Ⓐを恐れている	

576 ☑ **careful** [kéərfl｜ケアふる] A1	形注意深い，慎重な 関連 carefully 注意深く 🗲 【be careful about Ⓐ】Ⓐに注意している	

577 ☑ **mysterious** [mistíəriəs｜ミスティ(ア)リアス] A2	形不思議な，神秘的な 関連 mystery 不思議なこと	

☑ **チャンク** **call the** police | 警察を呼ぶ
☑ The **police** are coming soon. | ▶すぐに警察が来ますよ.

☑ **チャンク** **be against the** law | 法律に違反している
☑ Drunk driving is against the **law**. | ▶飲酒運転は法律に違反している.

☑ **チャンク** **steal** my idea | 私のアイディアを盗む
☑ Someone **stole** my watch. | ▶だれかが私の腕時計を盗んだ.

☑ **チャンク** **get** arrested | 逮捕される
☑ He **was arrested for** stealing. | ▶彼は窃盗 (とう) の容疑で逮捕された.

☑ **チャンク** **a special** feeling | 特別な感情
☑ He has a special **feeling** for that country. | ▶彼はその国に対して特別な感情を抱いている.

☑ **チャンク** **a big** surprise | 大変な驚き
☑ Her debut as a singer was a big **surprise** to us. | ▶彼女の歌手デビューは私たちにとって大変な驚きだった.

☑ **チャンク** **Don't be** afraid. | 怖がらないで.
☑ Animals **are afraid of** fire. | ▶動物は火を恐れる.

☑ **チャンク** **Be** careful! | 気をつけて(⬤ 注意深くなれ)!
☑ You should **be** more **careful about** your health. | ▶あなたはもっと健康に注意するべきです.

☑ **チャンク** **a mysterious** story | 不思議な話
☑ The lake was really **mysterious** in the morning. | ▶朝の湖はほんとうに神秘的だった.

STAGE 3

場所

578 ☑ **native** [néitiv｜**ネ**イティヴ] A2	形生まれ故郷の；母国の 対義 foreign 外国の
579 ☑ **local** [lóukl｜**ロ**ウクる] A2	形❶ 地元の，地域の ❷ 各駅停車の
580 ☑ **somewhere** [sʌ́mhwèər｜**サ**ム(ホ)ウェ ア] A2	副どこかで，どこかへ
581 ☑ **everywhere** [évrihwèər｜**エ**ヴリ(ホ)ウェ ア] A1	副いたる所で[を]，どこでも

運・可能性

582 ☑ **luck** [lʌ́k｜**ら**ック] A1	名❶ 運 ❷ 幸運
583 ☑ **lucky** [lʌ́ki｜**ら**キ] A1	形運のいい 対義 unlucky 不運な
584 ☑ **possible** [pásəbl｜**パ**スィブる] A2	形可能な 関連 possibility 可能性
585 ☑ **impossible** [impásəbl｜イン**パ**スィブる] A2	形不可能な
586 ☑ **chance** [tʃǽns｜**チ**ぁンス] A2	名チャンス，(偶然の)機会

☑ チャンク **my native country**　私の母国(⬛ 生まれ故郷の国)
☑ His **native** language is Chinese.　▶彼の母語（⬛ 母国の言語）は中国語だ.

☑ チャンク **a local newspaper**　地方紙(⬛ 地元の**新聞**)
☑ I finally got used to the **local** food.　▶私はやっとその土地の食べ物に慣れた.

☑ チャンク **somewhere in New York**　ニューヨークのどこかで
☑ I remember seeing her **somewhere** in Rome.　▶ローマのどこかで彼女に会った覚えがある.

☑ チャンク **everywhere in the house**　家中いたる所で
☑ I've looked **everywhere** in the house, but I still can't find the key.　▶家中いたる所を捜したのですが, まだかぎが見つかりません.

☑ チャンク **have good luck**　運がいい
☑ Good **luck** to you.　▶あなたの幸運を祈ります.

☑ チャンク **a lucky person**　運のいい人
☑ Ann is a **lucky** girl.　▶アンは運のいい女の子だ.

☑ チャンク **a possible plan**　実行可能な**計画**
☑ Entering the college is **possible** if you study hard.　▶君が一生懸命勉強すればその大学に入学することは可能だよ.

☑ チャンク **be almost impossible**　ほとんど**不可能である**
☑ It is almost **impossible** to finish my homework by tomorrow.　▶宿題をあすまでに終えるのはほとんど不可能だ.

☑ チャンク **the last chance**　最後のチャンス
☑ Please give me another **chance**.　▶もう一度チャンスをください.

STAGE 3

173

例文で覚える英単語

587 ☑ **get**² [gét | **ゲット**] A1
動 ❹ に…させる
➡【get ❹ to do】

588 ☑ **have**³ [hǽv | **ハ**ぁヴ] A1
動 ❹ を…される, してもらう
➡【have ❹ done】

589 ☑ **make**³ [méik | **メ**イク] A1
動 …を(…の状態に)する
➡【make ❹ ❸】❹ を ❸(の状態)にする

590 ☑ **allow** [əláu | ア**ラ**ゥ] A2
動 …に許可を与える
➡【be allowed to do】…するのを許可されている

591 ☑ **perhaps** [pərhǽps | パ**ハ**ぁップス] A2
副 もしかすると(…かもしれない)

592 ☑ **probably** [prábəbli | **プ**ラバブり] A2
副 おそらく, たぶん

593 ☑ **actually** [ǽktʃuəli | **あ**クチュアり] A2
副 ■ 実際に, 現実に
■ 実を言うと

594 ☑ **while** [hwáil | (ホ) **ワ**イる] A2 B1
接 …する間
名 (しばらくの)間

595 ☑ **either** [íːðər | **イ**ーざ] A1
副 …もまた(…ではない)
(◆否定文で用いる)

596 ☑ **ever** [évər | **エ**ヴァ] A2
副 今までに;いつか(◆疑問文で用いる)

597 ☑ **without** [wiðáut | ウィず**ア**ウト] A2
前 …なしで[に]

598 ☑ **if**² [if | **イ**ふ] A1
接 …かどうか

599 ☑ **however** [hauévər | ハウ**エ**ヴァ] A2
副 ■ しかしながら(◆but よりかたい語)
■ (程度などが)どんなに…でも

600 ☑ **although** [ɔːlðóu | オーる**ぞ**ゥ] A2
接 …だが, …だけれども(◆though よりやや形式ばった語)

☑ She **got** her brother **to** clean the room.
▶ 彼女は弟に部屋を掃除させた.

☑ I **had** my bag **stolen** at the airport.
▶ 私は空港でバッグを盗まれた.

☑ The news **made** me happy.
▶ その知らせを聞いて私はうれしくなった
（⊜ 私をうれしくさせた）.

☑ I'm not **allowed to** enter the room.
▶ 私はその部屋に入るのを許可されて
いない.

☐ I'll be back late tonight, **perhaps**
at about 11 o'clock.
▶ 今晩は帰りが遅くなるよ. もしかすると
11 時ごろになるかもしれない.

☑ He will **probably** call me tonight.
▶ おそらく彼は今晩電話をくれるだろう.

☑ What did she **actually** say?
▶ 彼女は実際に何と言ったのですか？

☑ My sister was reading a book
while I was watching TV.
▶ 私がテレビを見ている間, 姉は本を読んで
いた.

☑ She doesn't like fish. I **don't** like it,
either.
▶ 彼女は魚が好きではない. 私も（魚が）
好きではない.

☑ **Have** you **ever** been to a foreign
country?
▶ 今までに外国へ行ったことはありますか？

☑ I usually drink coffee **without** milk.
▶ 私はいつもミルクなしでコーヒーを飲む.

☑ Do you know **if** Lisa will come to
the festival?
▶ リサがお祭りに来るかどうか知ってい
ますか？

☑ We had a traffic accident.
However, no one was hurt.
▶ 私たちは交通事故にあった.
しかしながら, だれもけがをしなかった.

☑ **Although** I woke up 30 minutes
late, I wasn't late for school.
▶ 私は 30 分遅く目が覚めたが, 学校には
遅刻しなかった.

STAGE 3

175

4. 数

$$\frac{1}{3}$$

S450 ☑ 1/3
a third

$$\frac{3}{4}$$

S451 ☑ 3/4
three fourths

0.5

S452 ☑ 0.5
zero point five

3.14

S453 ☑ 3.14
three point one four

S454 ☑ 正方形
square[skwéər]

S455 ☑ 三角形
triangle[tráiæŋgl]

S456 ☑ 長方形
rectangle[réktæŋgl]

S457 ☑ 平行四辺形
parallelogram
[pæ̀rəléləgræm]

S458 ☑ 台形
trapezoid[træpəzɔ̀id]

S459 ☑ 円
circle[sə́ːrkl]

S460 ☑ だ円
ellipse[ilíps]

S461 ☑ 円すい
cone[kóun]

S462 ☑ 球
sphere[sfíər]

S463 ☑ 円柱
cylinder[sílindər]

S464 ☑ 立方体
cube[kjúːb]

S465 ☑ 三角すい
triangular pyramid
[traiǽŋgjələr pírəmid]

S466 ☐ 折れ線グラフ
line chart
[láin tʃàːrt]

S467 ☑ 棒グラフ
bar chart
[báːr tʃàːrt]

S468 ☑ 円グラフ
pie chart
[pái tʃàːrt]

STAGE 4

平均単語レベル
高校標準

動作

601 ☑ **rise**
[ráiz | ライズ]
過去 rose
過分 risen

B1 動 上がる
対義 fall 下がる
B1 名 上昇, 増加

602 ☑ **raise**
[réiz | レイズ]
A2

動 …を上げる

603 ☑ **lie**¹
[lái | らイ]
過去 lay
過分 lain
A2

動 横になる, 横たわる

604 ☑ **lay**
[léi | れイ]
過去・過分 laid
B1

動 …を横たえる, 置く(◆lie(横たわる)の過去形も lay であることに注意)

力

605 ☑ **power**
[páuər | パウァ]
A2

名 力
関連 powerful 強力な

606 ☑ **energy**
[énərdʒi | エナヂィ]
発音
B2

名 エネルギー
関連 energetic エネルギッシュな

607 ☑ **influence**
[ínfluəns | インふルエンス]
A2
B2

名 影響(力), 作用
動 …に影響を及ぼす

608 ☑ **strong**
[strɔ́:ŋ | ストゥローンッ]
A1

形 強い
関連 strength 力

609 ☑ **weak**
[wíːk | ウィーク]
A2

形 弱い
関連 weakness 弱点

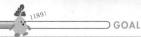
☑ チャンク **rise slowly** 　　　　　　　ゆっくりと上がる
☑ The price of oil is **rising** slowly ▶最近，石油価格がゆっくりと上がっている.
these days.

☑ チャンク **raise your hand** 　　　　　　あなたの手を上げる
☑ If you have any questions, ▶質問のある方は，手を上げてください.
please **raise** your hand.

☑ チャンク **lie in bed** 　　　　　　　　　ベッドに横になる
☑ I **lay** down on the sofa and had ▶私はソファーに横になり，少しだけ眠った.
a little sleep.

☑ チャンク **lay my baby on the bed** 私の赤ちゃんをベッドに寝かせる
☑ I **laid** my baby on the bed and did ▶私は赤ちゃんをベッドに寝かせて，食器を
the dishes. 　　　　　　　　　　　　　　洗った.

☑ チャンク **wind power** 　　　　　　　　風力
☑ She has a lot of **power** over the ▶そのプロジェクトに関して，彼女は大きな力
project. 　　　　　　　　　　　　　　をもっている.

☑ チャンク **solar energy** 　　　　　　　太陽エネルギー
☑ Recycling saves **energy**. ▶リサイクルはエネルギーの節約になる.

☑ チャンク **a good influence** 　　　　　よい影響
☑ Some TV programs have a bad ▶テレビ番組の中には子どもに悪い影響を
influence on children. 　　　　　　　与えるものがある.

☑ チャンク **a strong team** 　　　　　　　強い**チーム**
☑ There was a **strong** wind last night. ▶昨夜は風が強かった(● 強い風があった).

☑ チャンク **have a weak will** 　　　　　意志が弱い(● 弱い意志をもつ)
☑ He sometimes speaks in a **weak** ▶彼は時々力のない声で(● 弱い声で)話す.
voice.

数・量

610 ☑ **single**
[síŋgl | スィングる]
A2

形 ❶ たった 1 つ[1 人]の
関連 double 二重の
❷ 独身の

611 ☑ **half**
[hǽf | ハぁふ]
複数 halves

A1 名 半分, 2 分の 1
A2 形 半分の

612 ☑ **add**
[ǽd | あッド]
A1

動 …を加える, 足す
関連 addition 追加, 足し算

613 ☑ **fill**
[fíl | ふィる]
A1

動 …をいっぱいにする, 満たす
関連 full いっぱいの

文化・芸術

614 ☑ **art**
[ɑ́ːrt | アート]
A1

名 芸術, 美術
関連 artist 芸術家

615 ☑ **design**
[dizáin | ディザイン]
A1
B1

A1 名 デザイン
B1 動 …をデザインする
関連 designer デザイナー

616 ☑ **picture**
[píktʃər | ピクチャ]
A1

名 写真, 絵

617 ☑ **festival**
[féstəvl | ふェスティヴる]
A1

名 祭り

618 ☑ **paint**
[péint | ペイント]
A1
A1

A1 動 …を(絵の具で)描く;…にペンキを塗る
関連 painting 絵
A1 名 絵の具;ペンキ

☑ チャンク **a single word**
☐ He did not say a **single** word during the meeting.

たったの一言
▶ミーティングの間，彼はたったの一言もしゃべらなかった．

☑ チャンク **half of my classmates**
☐ About **half** of my classmates come to school by train.

クラスメートの半数
▶クラスメートの約半数は電車通学している．

☑ チャンク **add new information**
☐ Could you **add** milk to the shopping list?

新情報を追加する
▶買い物リストにミルクを加えていただけますか？

☑ チャンク **fill the hall**
☐ The fans of the band **filled** the concert hall.

ホールをいっぱいにする
▶そのバンドのファンがコンサートホールをいっぱいにした．

☐ チャンク **a work of art**
☐ I want to study Japanese **art**.

芸術作品
▶私は日本の美術を勉強したい．

☐ チャンク **dress design**
☐ She came to Japan to study kimono **design**.

ドレスのデザイン
▶彼女は着物のデザインを勉強するために来日した．

☐ チャンク **take a picture**
☐ I like to take **pictures** of the sea.

写真を撮る
▶私は海の写真を撮るのが好きだ．

☐ チャンク **a school festival**
☐ We have our school **festival** in October.

(学校の)文化祭
▶私たちの学校では 10 月に文化祭がある．

☐ チャンク **paint a picture**
☐ I **painted** the door.

絵を描く
▶私はドアにペンキを塗った．

STAGE 4

行為・行動

619 ☐ **keep²** ⤴p. 261 [道場] **動** …を持ち続ける, 取っておく
[kíːp | キープ] [対義] **lose** 失う
A1

620 ☐ **act** **A2** **名**(1回1回の)行動, 行い
[ǽkt | あクト] [関連] **action** (一連の)行動
B1 **動** 行動する

621 ☐ **invite** **動** …を招待する
[inváit | インヴァイト] [関連] **invitation** 招待
A2

622 ☐ **repeat** **動** …を繰り返す
[ripíːt | リピート]
A1

性質・状態

623 ☐ **seem** **動** …のように思われる, 見える
[síːm | スィーム]
A2

624 ☐ **famous** **形**(よいイメージで)有名な
[féiməs | ふェイマス] ☞ 【be famous for ♠】 ♠で有名である
A1

625 ☐ **useful** **形** 役に立つ, 有益な
[júːsfl | ユースふる] [対義] **useless** 役に立たない
A2

626 ☐ **important** **形** 重要な, 大切な
[impɔ́ːrtnt | インポータント] [関連] **importance** 重要性
A1

627 ☐ **official** **形** 公式の, 公認された
[əfíʃl | オふィシャる] [対義] **unofficial** 非公式の
🔊 アクセント
A2

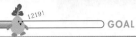

☑ チャンク **keep** the key in my bag   かぎを私のバッグにしまっておく
☑ **Keep** the ring in a safe place.   ▶その指輪は安全な所にしまっておくんだよ.

☑ チャンク an **act** of kindness   親切な行い
☑ I'm thankful for his **act** of kindness.   ▶私は彼の親切な行いに感謝している.

☑ チャンク **invite** her to the party   彼女をパーティーに招待する
☑ I **invited** my girlfriend to dinner.   ▶私はガールフレンドを夕食に招待した.

☑ チャンク **repeat** the same thing   同じ事を繰り返す
☑ We mustn't **repeat** the same mistake.   ▶我々は同じ過ちを繰り返してはならない.

☑ チャンク **seem** clear   明らかであるように思われる
☑ It **seems** clear that the boy told a lie.   ▶その少年がうそをついたのは明らかであるように思われる.

☑ チャンク a **famous** pianist   有名なピアニスト
☑ Thailand **is famous for** its beautiful beaches.   ▶タイは美しい海岸で有名だ.

☑ チャンク **useful** information   役に立つ情報
☑ This dictionary is very **useful** for studying English.   ▶この辞書は英語の勉強にとても役立つ.

☑ チャンク an **important** point   重要な点
☑ Time is more **important** than money.   ▶お金より時間のほうが大切だ.

☑ チャンク an **official** record   公式記録
☑ The **official** language of my country is Spanish.   ▶私の国の公用語はスペイン語だ.

STAGE 4

動作

628 ☐ **hide**
[háid | ハイド]
過去 hid
過分 hid, hidden　A1

動 …を隠す；隠れる
対義 find …を見つける

629 ☐ **pick**
[pík | ピック]
　A1

動 …を摘み取る；…を選ぶ

630 ☐ **pour**
[pɔ́ːr | ポー(ア)]
🎺 発音　A2

動 〈液体を〉注ぐ

631 ☐ **shake**
[ʃéik | シェイク]
過去 shook
過分 shaken　B1

動 ❶ …を振る, 揺する
❷ 〈体・声が〉震える

個人・公共

632 ☐ **person**
[pə́ːrsn | パ〜スン]
　A1

名 人
関連 personal 個人的な

633 ☐ **society**
[səsáiəti | ソサイエティ]
　A2

名 社会
関連 social 社会の

634 ☐ **own**
[óun | オウン]
A1
B1

A1 形 自分自身の
B1 動 …を所有している

635 ☐ **common**
[kámən | カモン]
　A2

形 (人々・社会などにとって)共通の, ふつうの
関連 commonly 広く

636 ☐ **share**
[ʃéər | シェア]
　A1

動 …を共有する, 分かち合う

☑ **チャンク** hide **the truth**	真実を隠す
☑ I have nothing to **hide** from you.	▶あなたに隠すことは何もありません.

☑ **チャンク** pick **a flower**	花を摘み取る
☑ John **picked** the beautiful flower for Mary.	▶ジョンはメアリーのためにその美しい花を摘み取った.

☑ **チャンク** pour **milk**	ミルクを注ぐ
☑ **Pour** some milk into your coffee if you like.	▶お好みでミルクをコーヒーに入れてね (⬤ 注いでね).

☑ **チャンク** shake **a bottle**	ボトルを振る
☑ **Shake** the can well before drinking.	▶飲む前に缶をよく振ってください.

☑ **チャンク** a nice **person**	いい人
☑ Jennifer is a kind **person**.	▶ジェニファーは親切な人だ.

☑ **チャンク** human **society**	人間社会
☑ We are all members of **society**.	▶私たちはみな社会の構成員だ.

☑ **チャンク** with my **own** eyes	私自身の目で
☑ I saw a UFO with my **own** eyes last night.	▶昨夜, 私はこの目で (⬤ 自分自身の目で) UFO を見た.

☑ **チャンク** a common **language**	共通言語
☑ A lot of people worked together for a **common** goal.	▶共通の目標のために多くの人々が協力した.

☑ **チャンク** share **information**	情報を共有する
☑ We all **share** the computer in my family.	▶私たち家族はコンピュータを共有して使っている.

STAGE 4

185

例文で覚える英熟語

637 ☑ **deal with ...**	〈問題などに〉対処する	
638 ☑ **a great deal of ...**	非常にたくさんの…（◆数えられない名詞に用いる）	
639 ☑ **side by side**	（横に）並んで	
640 ☑ **step by step**	一歩一歩	
641 ☑ **as ... as possible**	できるだけ…（◆as ... as *one* can で言い換えることができる）	
642 ☑ **as if ...**	まるで…であるかのように	
643 ☑ **be filled with ...**	…で満たされている	
644 ☑ **right away**	今すぐ, ただちに	
645 ☑ **count on ...**	…を頼りにする, 当てにする	
646 ☑ **seem like ...**	…のようだ	
647 ☑ **too Ⓐ to** *do*	…するにはⒶすぎる；あまりにⒶなので…できない	
648 ☑ **I'm afraid ...**	残念ながら…だと思う	
649 ☑ **What's wrong?**	どうかしたのですか；何かあったのですか	
650 ☑ **Why don't you ...?**	…したらどうですか, …はどうですか（◆提案・勧誘を表す）	

☑ We must **deal with** this problem now.	▶我々はこの問題に今対処しなければならない.
☑ This project needs **a great deal of** money.	▶このプロジェクトには非常にたくさんのお金が必要だ.
☑ The boy was walking **side by side** with his mother.	▶その男の子は母親と並んで歩いていた.
☑ Bob's guitar technique is getting better **step by step**.	▶ボブのギターテクニックは一歩一歩上達している.
☑ I ran **as** fast **as possible**.	▶私はできるだけ速く走った.
☑ He talks about France **as if** he lived there for years.	▶彼はまるで何年も住んでいたかのようにフランスについて話す.
☑ The stadium **was filled with** the singer's fans.	▶スタジアムはその歌手のファンで埋めつくされた（直 満たされた）.
☑ You should call him **right away**.	▶今すぐ彼に電話すべきだ.
☑ You can always **count on** me.	▶いつでも私を頼ってね.
☑ The school trip **seems like** only yesterday.	▶修学旅行はついきのうのことのようだ.
☑ It's **too** cold **to** swim in the sea.	▶海で泳ぐには寒すぎる.
☑ **I'm afraid** it will rain tomorrow.	▶残念ながらあすは雨のようだ.
☑ **What's wrong?** You look sad.	▶どうかしたのですか？ 悲しそうな顔をして.
☑ **Why don't you** ask her for a date?	▶彼女をデートに誘ってみたらどうですか？

STAGE 4

take [téik | テイク] →p. 70

コアイメージ 「何かを取る,取って自分といっしょにもっていく」

[take + 副詞 , 前置詞] ランキング

S469 第1位 **take over** ▶〈仕事などを〉引き継ぐ

I **took over** my father's bakery. ▶ 私は父のパン屋を継いだ.

S470 第2位 **take off** ▶〈飛行機が〉離陸する;〈服などを〉脱ぐ

The plane **took off**, and I fell asleep. ▶ 飛行機が離陸すると,私は眠った.

S471 第3位 **take out** ▶ …を取り出す;〈人を〉連れ出す

She **took out** her coat from the closet. ▶ 彼女はクローゼットからコートを取り出した.

S472 第4位 **take away** ▶ …を持ち去る,奪う

The girl **took away** my bag by mistake. ▶ 少女は間違って,私のバッグを持ち去った.

S473 第5位 **take in** ▶ …を吸収する

How do plants **take in** water? ▶ 植物はどのようにして水を吸収するのですか.

bring ［bríŋ | ブリン_グ］　　　　→p. 70

コアイメージ 「自分のいる場所や話の中心になっている場所に人や物を移動させる」

2｜3 [bring + 副詞] ランキング

☑ S474 **第1位 bring in**	▶ …を持ち込む
☑ It started to rain, so I brought in the washing.	▶ 雨が降り始めたので，私は洗濯物を取り込んだ．

☑ S475 **第2位 bring up**	▶ …を育てる；…を持ち出す
☑ I was born and brought up in Okinawa.	▶ 私は沖縄で生まれ育った．

☑ S476 **第3位 bring back**	▶ …を持って帰る；…を返す
☑ Bring back this book by next Friday.	▶ この本を次の金曜日までに返しなさい．

☑ S477 **第4位 bring out**	▶ …を取り出す
☑ My grandfather brought out a box of candies from the shelf.	▶ 私の祖父は棚から飴（ぁぁ）の入った箱を取り出した．

☑ S478 **第5位 bring together**	▶ …をグループにまとめる
☑ We brought together great scientists and created new AI.	▶ 私たちは偉大な科学者を集め，新しい人工知能を生み出した．

STAGE 4

189

程度

651 ☑ **quite**
[kwáit | クワイト]
A2

副 ❶ たいへん
❷ 全く, 完全に

---

652 ☑ **enough**
[ináf | イナふ]
A2
A2

形 十分な

副 十分に

---

653 ☑ **perfect**
[pə́ːrfikt | パ～ふェクト]
A2

形 完全な, 完璧(%%)な
関連 **perfectly** 完全に

---

654 ☑ **basic**
[béisik | ベイスィック]
A2

形 基礎的な；初歩的な
関連 **base** 土台, **basis** 基礎, 根拠

心・感情

655 ☑ **excited**
[iksáitid | イクサイティッド]
A1

形 興奮して(いる), わくわくして(いる)
➡ 【be excited to *do*】 …して興奮している

---

656 ☑ **interested**
[íntərəstid | インタレスティッ
ド] 🔊 アクセント
A1

形 興味がある, 関心がある
関連 **interest** 興味
➡ 【be interested in ❹】 ❹に興味がある

---

657 ☑ **tired**
[táiərd | タイアド]
A1

形 疲れた

---

658 ☑ **surprised**
[sərpráizd | サプライズド]
A2

形 驚いた, びっくりした
関連 **surprise** 驚き
➡ 【be surprised at [by] ❹】 ❹に驚く

---

659 ☑ **funny**
[fáni | ふァニー]
A1

形 おもしろい；奇妙な
関連 **fun** 楽しみ

☐ チャンク **be quite easy** | たいへんやさしい
☐ The movie was **quite** good. | ▶その映画はたいへんよかった.

☐ チャンク **enough water** | 十分な**水**
☐ We still have **enough** time. | ▶我々にはまだ十分な時間がある.

☐ チャンク **Nobody's perfect.** | 完璧な**人間**などいない.
☐ Her English is near **perfect**. | ▶彼女の英語はほぼ完璧だ.

☐ チャンク **a basic English course** | 基礎**英語講座**
☐ I'm going to take a **basic** French course. | ▶私は基礎フランス語講座を受講するつもりだ.

☐ チャンク **get excited** | 興奮する
☐ I was **excited to** get the ticket for the concert. | ▶コンサートのチケットを入手して私は興奮していた.

☐ チャンク **be interested in jazz** | ジャズに興味がある
☐ I am **interested in** fashion. | ▶私はファッションに興味がある.

☐ チャンク **feel tired** | 疲れを感じる
☐ I went to bed early because I felt very **tired**. | ▶私はとても疲れていたので, 早く床に就いた.

☐ チャンク **be surprised at the news** | その知らせに驚く
☐ We were **surprised at [by]** the result. | ▶私たちはその結果に驚いた.

☐ チャンク **a funny story** | おもしろい話
☐ Her story was very **funny**. | ▶彼女の話はとてもおもしろかった.

STAGE 4

類似・違い

660 ☑ **same**
[séim | セイム]　A1

A1 形 同一の, 同じ
　⚡ 【the same Ⓐ as Ⓑ】 Ⓑと同じ Ⓐ
A1 代 同じこと[物] (◆the same の形で)

661 ☑ **different**
[dífərənt | ディファレント]　A1

形 違った；さまざまな
関連 difference 違い
⚡ 【be different from Ⓐ】 Ⓐと違っている

662 ☑ **like**²
[láik | らイク]　A1

前 …のような
対義 unlike …と違って

663 ☑ **kind**¹
[káind | カインド]　A1

名 種類

経済・ビジネス

664 ☑ **company**
[kʌ́mpəni | カンパニ]　A2

名 (組織としての)会社

665 ☑ **bank**
[bǽŋk | バぁンク]　A1

名 銀行

666 ☑ **cost**
[kɔ́ːst | コースト]　A2

名 費用, 値段
関連 price 値段

667 ☑ **value**
[vǽljuː | ヴぁりュー]　A2

名 (金銭的な)価値
関連 valuable 価値のある

668 ☑ **spend**
[spénd | スペンド]
過去・過分 spent　A1

動 1 〈お金を〉使う
　⚡ 【spend Ⓐ on Ⓑ】 ⒶをⒷに使う
2 〈時間を〉過ごす

☑ チャンク **the** same **place** — 同じ場所
☑ The golfer is the same age as my brother. ▶そのゴルフ選手は私の兄と同じ年だ.

☑ チャンク different **ways of thinking** — さまざまな考え方
☑ My idea is different from yours. ▶私の考えはあなたのものと違います.

☑ チャンク like **a dream** — 夢のような
☑ This fruit tastes like an orange. ▶この果物はオレンジのような味がする.

☑ チャンク many **kinds of flowers** — たくさんの種類の花
☑ There are many kinds of animals in the zoo. ▶動物園にはたくさんの種類の動物がいる.

☑ チャンク an airline **company** — 航空会社
☑ My sister works for a publishing company. ▶私の姉は出版社に勤めている.

☑ チャンク go to the **bank** — 銀行へ行く
☑ I have 100,000 yen in the bank. ▶私は銀行に 10 万円の貯金がある.

☑ チャンク a high **cost** — 高い費用
☑ Tokyo has a high cost of living. ▶東京の生活費は高い（⬛ 東京には高い生活費がある）.

☑ チャンク fall in **value** — 価値が下がる
☑ This book will rise in value in the future. ▶この本は将来価値が上がるだろう.

☑ チャンク spend **some money** — お金を使う
☑ He spent 20,000 yen on the jeans. ▶彼はそのジーンズに 2 万円を使った.

コミュニケーション

669 ☑ **call**²
[kɔ́:l｜コーる]
🔗p. 141 道場

A2 動 …に電話をかける
A1 名 電話(をかけること)

---

670 ☑ **promise**
[prámis｜プラミス]

A2 名 約束
B1 動 …を約束する

---

671 ☑ **lie**²
[lái｜らイ]

B1 名 うそ
　　対義 **truth** 真実
A2 動 うそを言う

---

672 ☑ **order**
[ɔ́:rdər｜オーダ]

A2 動 …を注文する；…を命じる
A1 名 注文；命令

位置・方向

673 ☑ **behind**
[biháind｜ビハインド]
A1

前 …の後ろに
　　対義 **in front of ...** …の正面に

---

674 ☑ **beyond**
[bijánd｜ビヤンド]
A2

前 …の向こうに

---

675 ☑ **middle**
[mídl｜ミドゥる]
A2

名 中央；(期間の)半ば
　　関連 **center** (…の)中心

---

676 ☑ **bottom**
[bátəm｜バタム]
A1

名 底；最下部
　　対義 **top** 最上部

---

677 ☑ **distant**
[dístənt｜ディスタント]
B1

形 (距離・時間が)遠い，離れている
　　関連 **distance** 距離
　　🔗 【be distant from Ⓐ】 Ⓐから離れている

☑ チャンク **call back** — 電話をかけ**直す**
☐ I'll **call** you back later. ▶後でもう一度お電話します.

☑ チャンク **keep a promise** — 約束**を守る**
☐ Don't break your **promise**. ▶約束を破ってはだめだよ.

☑ チャンク **tell a lie** — うそ**をつく**
☐ Don't tell a **lie**! ▶うそをつくんじゃありません！

☑ チャンク **order coffee** — コーヒー**を注文する**
☐ I **ordered** cake with tea. ▶私は紅茶付きケーキセットを注文した.

☑ チャンク **behind the station** — **駅の裏側に**
☐ I hid **behind** the curtain. ▶私はカーテンの後ろに隠れた.

☑ チャンク **beyond the sea** — **海の向こうに**
☐ My hometown is **beyond** that mountain. ▶私の生まれ育った町はあの山の向こうだ.

☑ チャンク **in the middle of the river** — **川の中央に**
☐ The library is in the **middle** of the city. ▶図書館は市の中心部にある.

☐ チャンク **the sea bottom** — **海底**
☑ These fish live at the sea **bottom**. ▶これらの魚は海底に生息している.

☑ チャンク **distant countries** — **遠い国々**
☑ The sun is very **distant from** the earth. ▶太陽は地球からはるか遠くにある.

STAGE 4

195

問題・困難

678 ☐ **hard²**
[háːrd | ハード]
A1

形 ❶ 難しい（◆difficult と同義）
対義 **easy** 簡単な
❷ 硬い

679 ☐ **simple**
[símpl | スィンプる]
A2

形 ❶ 単純な, 簡単な
対義 **complex** 複雑な
❷ 質素な

680 ☐ **damage**
[dǽmidʒ | ダぁメッヂ]
B1

名 損害, 被害

681 ☐ **face²**
[féis | ふェイス]
A2

動 〈困難などに〉直面する, 立ち向かう

心・感情

682 ☐ **exciting**
[iksáitiŋ | イクサイティンッ]
A1

形 （人を）興奮させる, 手に汗握る
関連 **excited** 興奮して（いる）

683 ☐ **interesting**
[íntərəstiŋ | インタレスティンッ]
A1

形 おもしろい, 興味深い
関連 **interested** 興味がある

684 ☐ **favorite**
[féivərit | ふェイヴァリット]
A1

形 いちばん好きな, お気に入りの
関連 **favor** 好意

685 ☐ **care**
[kéər | ケア]
A1
B1

名 注意, 世話
関連 **careful** 注意深い
動 気にする

686 ☐ **mind**
[máind | マインド]
A1

名 考え；心
対義 **body** 肉体

TART 〇━━━━━━━━━━━━━━ ¹³¹³¹ ━━━━━━〇 GOAL

☑ チャンク **a hard question**　　　　　難しい**問題**
☑ Give me a **hard** question.　　　　　▶難しい問題を出して.

☑ チャンク **a simple reason**　　　　　単純な**理由**
☑ This book is written in **simple** English.　▶この本は簡単な英語で書かれている.

☑ チャンク **fire damage**　　　　　　　**火災による損害**
☑ The hurricane brought a lot of **damage** to the area.　▶ハリケーンはその地域に大きな損害をもたらした.

☑ チャンク **face a problem**　　　　　**問題に直面する**
☑ We are **facing** a difficult situation.　▶我々は困難な状況に直面している.

☑ チャンク **an exciting event**　　　　わくわくするような**イベント**
☑ The new action movie was really **exciting**.　▶その新作アクション映画はほんとうに手に汗握る内容だった.

☑ チャンク **an interesting story**　　　おもしろい**話**
☑ "How was the movie?"
"It was **interesting**."　▶「映画はどうだった?」「おもしろかったよ」

☑ チャンク **my favorite CD**　　　　　私のいちばん好きな **CD**
☑ Who's your **favorite** writer?　　▶あなたのいちばん好きな作家はだれですか?

☑ チャンク **with care**　　　　　　　　**注意して**
☑ Please carry the box with **care**.　▶その箱は注意して運んでください.

☑ チャンク **change my mind**　　　　私の**考えを変える**
☑ Lisa never changed her **mind**.　▶リサは決して自分の考えを変えなかった.

STAGE 4

197

例文で覚える英熟語

687 ☑ **come to** *do*		…するようになる
688 ☑ **come true**		〈夢・予言などが〉実現する
689 ☑ **come up with ...**		〈考えなどを〉思いつく
690 ☑ **be tired from ...**		…で疲れている
691 ☑ **be tired of ...**		…に飽きている
692 ☑ **turn off**		〈明かりなどを〉消す；〈スイッチなどを〉切る
693 ☑ **turn on**		〈明かりなどを〉つける；〈スイッチなどを〉入れる
694 ☑ **look into ...**		〈事件などを〉調査する
695 ☑ **look like ...**		(外見が) …に似ている
696 ☑ **pick up**		…を拾い上げる
697 ☑ **shake hands with ...**		…と握手する
698 ☑ **a kind of ...**		一種の…，…の一種
699 ☑ **due to ...**		…が原因で，…のために
700 ☑ **I wonder if ...**		…してもよろしいですか

☑ Mr. Jones has **come to** like Japanese food.	▶ジョーンズ氏は日本料理を好きになった.
☑ I hope your dreams will **come true**.	▶あなたの夢がかないますように.
☑ I **came up with** a good idea just then.	▶ちょうどそのとき, 私はいい考えを思いついた.
☑ We **were** very **tired from** snowboarding all day.	▶私たちは1日中スノーボードをやり, とても疲れていた.
☑ I'm **tired of** watching TV. Let's go outside!	▶テレビを見るのに飽きちゃった. 外に行こうよ！
☑ Don't **turn off** the TV.	▶テレビを消さないで.
☐ Please **turn on** the light.	▶明かりをつけてください.
☑ The police are **looking into** the case.	▶警察はその事件を調査している.
☑ The cloud **looked like** a bird.	▶その雲は形が鳥に似ていた.
☑ She dropped a book, so I **picked** it **up**.	▶彼女が本を落としたので, 私は拾ってあげた.
☑ Please **shake hands with** me.	▶私と握手してください.
☑ A watermelon is **a kind of** vegetable.	▶スイカは野菜の一種だ.
☐ The accident was **due to** the heavy snow.	▶その事故は大雪が原因だった.
☑ I **wonder if** I could use your dictionary.	▶辞書をお借りしてもよろしいですか.

STAGE 4

🔊 Scene 7　帰り道 On the Way Back Home

S479 ☑ ①バス停
bus stop
[bʌs stὰp]

S480 ☑ ②交差点
intersection
[ìntərsékʃn]

S481 ☐ ③横断歩道
crosswalk
[krɔ́(ː)swɔ̀ːk]

S482 ☑ ④歩行者
pedestrian
[pədéstriən]

S483 ☑ ⑤信号
traffic light
[trǽfik làit]

帰り道の行動 Actions on the Way Back Home

S484 ☑ 書店で立ち読みをする
browse in a bookstore

S485 ☑ コンビニでお菓子を買う **buy candies at a convenience store**

S486 ☑ カラオケルームで歌う
sing in a karaoke room

S487 ☑ コーヒーショップに立ち寄る
drop into a coffee shop

S488 ☑ ファーストフード店で時間をつぶす **kill time in a fast-food restaurant**

S489 ☑ まっすぐ家に帰る
go straight home

S490 ☑ ①ガスレンジ
gas range
[gǽs rèindʒ]

S491 ☑ ②流し
sink
[síŋk]

S492 ☑ ③電子レンジ
microwave
[máikrouwèiv]

S493 ☐ ④冷蔵庫
refrigerator
[rifrídʒərèitər]

S494 ☑ ⑤包丁
kitchen knife
[kìtʃən náif]

野菜 Vegetables

S495 ☑ キャベツ
cabbage
[kǽbidʒ]

S496 ☑ にんじん
carrot
[kǽrət]

S497 ☐ レタス
lettuce
[létis]

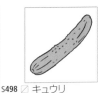

S498 ☑ キュウリ
cucumber
[kjú:kʌmbər]

S499 ☑ ジャガイモ
potato
[pətéitou]

S500 ☑ ナス
eggplant
[égplænt]

S501 ☐ ピーマン
green pepper
[grí:n pépər]

S502 ☑ ホウレンソウ
spinach
[spínitʃ]

STAGE 4

大きさ・形

701 ☐ **wide** [wáid｜ワイド] A2	**形**広い；幅広い 関連 width 幅	

702 ☐ **deep** [díːp｜ディープ] B2	**形**深い 関連 depth 深さ	

703 ☐ **size** [sáiz｜サイズ] A1	**名**大きさ；(衣服などの)サイズ	

704 ☐ **form** [fɔ́ːrm｜ふォーム]	A1	**名**形；形態
	B1	**動**…を形づくる

考え・概念

705 ☐ **idea** [aidíːə｜アイディーア] アクセント A1	**名**考え，アイディア	

706 ☐ **think** [θíŋk｜すィンク] 過去・過分 thought A1	**動**…と思う，考える 関連 thought 考え 【think that ...】…だと思う	

707 ☐ **wonder** [wʌ́ndər｜ワンダ]	A2	**動**…だろうかと思う；不思議に思う
	B1	**名**驚き 関連 wonderful すばらしい

708 ☐ **decide** [disáid｜ディサイド] A2	**動**(…を)決心する，決める 関連 decision 決定 【decide to do】…することを決心する	

709 ☐ **imagine** [imǽdʒin｜イマぁヂン] A1	**動**…を想像する 関連 image イメージ 【imagine doing】…することを想像する	

☑ **チャンク a wide area** 広い**地域**

☐ It rained over a **wide** area of Texas. ▶テキサスの広い地域で雨が降った.

☑ **チャンク a deep sleep** 深い**眠り**

☐ Be careful! This river is **deep**. ▶気をつけて！ この川は深いよ.

☐ **チャンク the size of a company** 会社の**規模**(🔁 会社の**大きさ**)

☑ Do you have the same **size** in another color? ▶違う色で同じサイズはありますか？

☑ **チャンク a simple form** シンプルな**形**

☑ Pencils have a simple **form**. ▶えんぴつはシンプルな形をしている.

☑ **チャンク a new idea** 新しい**考え**

☐ That's a good **idea**. Let's try it. ▶それはいい考えですね. ぜひやってみましょう.

☑ **チャンク I think so.** そう**思います**.

☑ I **think** that he is right. ▶彼は正しいと思います.

☑ **チャンク I wonder why.** なぜ**だろう**.

☐ I **wonder** why he went home so early. ▶彼はなぜあんなに早く家に帰ってしまったのだろう.

☑ **チャンク decide to stay** 滞在する**ことを決心する**

☐ I **decided to** go and study in Canada. ▶私はカナダに留学することを決心した.

☑ **チャンク imagine life without TV** テレビのない生活を**想像する**

☐ Just **imagine** singing in front of all the students of your school. ▶全校生徒の前で歌うことを想像してごらん.

STAGE 4

203

コミュニケーション

710 ☐ **introduce**
[ìntrədjúːs | イントゥロ
デュース]
(A1)

動 …を紹介する
関連 introduction 紹介
[introduce Ⓐ to Ⓑ] ⒶをⒷに紹介する

---

711 ☐ **interview**
[íntərvjùː | インタヴュー]
(A1)

名 面接；インタビュー

---

712 ☐ **gesture**
[dʒéstʃər | ヂェスチャ]
(B1)

名 ジェスチャー, 身ぶり

---

713 ☐ **point**
[pɔ́int | ポイント]
(A1)
(A2)

(A1) 名 **1** (話・議論などの)点, ポイント
2 (空間上の)点
(A2) 動 指さす

時 間

714 ☐ **moment**
[móumənt | モウメント]
(A1)

名 (少しの)間；(特定の)時

---

715 ☐ **live²**
[láiv | らイヴ]
🎺 発音
(B1)

形 **1** 〈放送・演奏などが〉生(発音)の, ライブ…
2 〈生物が〉生きている

---

716 ☐ **present²**
[préznt | プレズント]
(B1)
(A1)

(B1) 形 **1** 現在の, 今の
2 (会議などに)出席して(いる)
対義 absent 欠席して(いる)
(A1) 名 現在

---

717 ☐ **recently**
[ríːsntli | リースントり]
(A2)

副 最近, 近ごろ

---

718 ☐ **someday**
[sʌ́mdèi | サムデイ]
(A2)

副 (未来の)いつか, いつの日か
(◆some day と2語にもつづる)

☑ チャンク **May I introduce myself?** 自己紹介をさせてください.
☑ I'd like to **introduce** you **to** ▶あなたを兄のジョンに紹介しますね.
my brother John.

☑ チャンク **a job** interview 就職の面接
☑ Jill was very nervous at the job ▶ジルはその就職の面接でとても緊張していた.
interview.

☑ チャンク **with** gestures ジェスチャーで
☑ The boy showed me the way to ▶その少年は私にジェスチャーを交えて
the station with **gestures**. 駅までの道を教えてくれた.

☑ チャンク **get the** point ポイントを理解する
☑ That's a good **point**. ▶いい点に気がつきましたね.

☑ チャンク **a moment** ago (時間が)少し前に
☑ Wait a **moment**, please. ▶少しの間, お待ちください.

☑ チャンク **live music** 生演奏
☑ How about going to a **live** concert ▶今度の土曜日, ライブコンサートに行き
next Saturday? ませんか？

☑ チャンク **my present address** 私の現住所
☑ You should report the **present** ▶君は現在の状況を報告したほうがよい.
situation.

☑ チャンク **until recently** 最近まで
☑ I haven't seen David **recently**. ▶最近デービッドに会っていない.

☑ チャンク **visit America someday** いつかアメリカを訪れる
☑ I want to go to Seattle **someday**. ▶いつかシアトルに行ってみたい.

STAGE 4

205

行為·行動

719 ☐ **save**
[séiv | セイヴ]
A1

動 **1** …を救う, 助ける
2 〈お金を〉ためる；…を節約する

720 ☐ **lose**²
[lúːz | るーズ]
🎺 発音
A2

動 〈所持品などを〉なくす, 失う
関連 **loss** 喪失

721 ☐ **check**
[tʃék | チェック]
A2 動 …をチェックする, 点検する
A1 名 小切手

722 ☐ **control**
[kəntróul | コントゥロウる] **A2**
B1 動 …を支配する, 管理する
名 支配(力), 管理

飲食

723 ☐ **cook**
[kúk | クック]
A1 動 〈食事を〉作る
関連 **bake** 〈パン·菓子などを〉焼く
boil …を煮る, 沸かす
A1 名 料理人, コック

724 ☐ **delicious**
[dilíʃəs | デ**リ**シャス]
A1

形 (非常に)おいしい

725 ☐ **sweet**
[swíːt | ス**ウィ**ート]
A1

形 甘い
対義 **bitter** 苦い

726 ☐ **meal**
[míːl | ミーる]
A1

名 食事

727 ☐ **hunger**
[hʌ́ŋgər | ハンガ]
B1

名 飢え；空腹
関連 **hungry** 空腹である

☑ チャンク **save a child** — 子どもを**救う**

☐ He **saved** the girl from the fire. ▶彼はその女の子を火事から救い出した.

☑ チャンク **lose my bag** — 私のバッグを**なくす**

☐ I **lost** my cell phone during the trip. ▶旅行中に携帯電話をなくしてしまった.

☑ チャンク **check a shopping list** — 買い物リストを**チェックする**

☐ Why do you **check** your e-mail so often? ▶どうしてそんなに何度も E メールをチェックしているの？

☑ チャンク **control the area** — その地域を**支配する**

☐ Only a few people **controlled** the government. ▶ほんのひと握りの人々がその政府を支配していた.

☑ チャンク **cook lunch** — 昼食を**作る**

☐ I'll **cook** dinner tonight. ▶今夜は私が夕食を作りますね.

☑ チャンク **delicious food** — **おいしい**食べ物

☐ This cheese is **delicious**! ▶このチーズ，おいしい！

☑ チャンク **sweet cookies** — **甘い**クッキー

☐ This cake is too **sweet** for me. ▶このケーキは私には甘すぎる.

☑ チャンク **have a meal** — **食事**をとる

☐ My brother has only two **meals** a day. ▶私の兄は1日に2回しか食事をとらない.

☑ チャンク **die of hunger** — **餓死する**（⑩ 飢えで死ぬ）

☐ A lot of people have died of **hunger** in that country. ▶その国ではたくさんの人々が餓死している.

STAGE 4

207

大きさ・形

728 ☐ **line**
[láin | らイン]
A1

名 ❶ 線；(人などの)列
　　❷ (列車などの)路線

729 ☐ **shape**
[ʃéip | シェイプ]
A2

名 形

730 ☐ **straight**
[stréit | ストゥレイト]
A2
A1
🎺 発音

形 まっすぐな
副 まっすぐに

731 ☐ **huge**
[hjúːdʒ | ヒューヂ]
B1

形 巨大な；莫大(ばく)な

健康

732 ☐ **pain**
[péin | ペイン]
B1

名 痛み，苦痛
　　関連 **painful** 痛い

733 ☐ **fever**
[fíːvər | ふィーヴァ]
A1

名 (病気による)熱

734 ☐ **healthy**
[hélθi | へるすィ]
A1

形 健康(的)な；健康によい
　　関連 **health** 健康

735 ☐ **sick**
[sík | スィック]
A1

形 病気の

736 ☐ **hurt**
[hə́ːrt | ハ〜ト]
過去・過分 hurt
A1

動 …を傷つける，痛める

☐ **チャンク** **draw a** line
線を引く

☐ If you don't know the meaning of
a word, **draw a** **line** under it.
▶もし意味のわからない単語があれば,
下線を引きなさい.

☐ **チャンク** **size and** shape
サイズと形

☐ They have shoes of various sizes
and **shapes** at the store.
▶その店ではさまざまなサイズと形の靴を
売っている.

☐ **チャンク** **a straight** line
直線

☐ Ann has beautiful **straight** hair.
▶アンの髪は美しい直毛(圖 まっすぐな髪)だ.

☐ **チャンク** **a huge** stone
巨大な石

☐ The **huge** stadium was built
in 2008.
▶その巨大なスタジアムは 2008 年に建て
られた.

☐ **チャンク** **have a** pain
痛みがある

☐ I have a **pain** in my left hand.
▶左手に痛みがある.

☐ **チャンク** **have a** fever
熱がある

☐ He has a high **fever**.
▶彼は高熱がある.

☐ **チャンク** **a healthy** life
健康的な生活

☐ **Healthy** eating is important for
everybody.
▶だれにとっても健康的な食事は大切だ.

☐ **チャンク** **get** sick
病気になる

☐ He got **sick** during his vacation
in Hawaii.
▶彼はハワイでの休暇中, 病気になった.

☐ **チャンク** **hurt my** feelings
私の感情を害する(圖 傷つける)

☐ I **hurt** my back during the game.
▶私は試合中に背中を痛めた.

STAGE 4

例文で覚える英熟語

737 ☑ **at present**	現在は, 今のところは
738 ☑ **at the same time**	同時に, 一度に
739 ☑ **call at ...**	〈場所に〉立ち寄る
740 ☑ **call on ...**	〈人を訪ねて〉寄る
741 ☑ **make up** *one's* **mind**	(よく考えたうえで)決心する
742 ☑ **manage to** *do*	何とか…する
743 ☑ **care for ...**	…が好きである(◆ 通例否定文・疑問文で用いる)
744 ☑ **at least**	少なくとも
745 ☑ **in order to** *do*	…するために
746 ☑ **instead of ...**	…の代わりに
747 ☑ **even if ...**	たとえ…だとしても
748 ☑ **even though ...**	…ではあるが
749 ☑ **think of ...**	■…を思いつく ■…のことを思う
750 ☑ **take care of ...**	…の世話をする

☑ Everything is going well **at present**. ▶今のところはすべて順調だ.

☑ Bob and I started talking **at the same time**. ▶ボブと私は同時に話しはじめた.

☑ I **called at** my grandparents' house on my way home. ▶私は家に帰る途中, 祖父母の家に立ち寄った.

☑ **Call on** me when you come to Okinawa. ▶沖縄に来たら私の家に寄ってください.

☑ George **made up** his **mind** to leave town. ▶ジョージは町を去る決心をした.

☑ I **managed to** pass the exam. ▶私は何とかその試験に合格した.

☑ I didn't much **care for** them. ▶私は彼らのことがあまり好きではなかった.

☐ It will take **at least** two hours to finish my homework. ▶宿題を終えるのに少なくとも 2 時間はかかりそうだ.

☑ My sister studies very hard **in order to** become a doctor. ▶私の姉は医者になるために一生懸命勉強している.

☑ I'll have tea **instead of** coffee. ▶私はコーヒーの代わりに紅茶をいただきます.

☑ **Even if** people say, "It's impossible," I'm not going to give up. ▶たとえ人々が「無理だ」と言っても, 私はあきらめない.

☑ **Even though** Sandra is young, she is a good businessperson. ▶サンドラは若いが, すぐれた実業家だ.

☑ I can't **think of** any good ideas. ▶よい考えが何も思いつかない.

☑ Brian **takes care of** his parents. ▶ブライアンは両親の世話をしている.

STAGE 4

211

コーパス道場 8

make [méik | メイク]　　　　　→p. 94

コアイメージ 「手を加えて新たな物や状態をつくる」

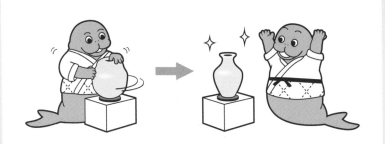

2 1 3 [make + 名詞]ランキング(行為を表す)

☐ S503 👑**第1位** make use of ...　　　▶ …を使う;…を利用する
☐ Make good use of your time.　　　▶ 時間を有効に使いなさい.

☐ S504 **第2位** make sense　　　▶ 意味を成す
☐ His story does not make sense to me.　　　▶ 彼の話は全く意味を成さない.

☐ S505 **第3位** make one's way　　　▶ 進む;成功する
☐ I made my way through the crowd.　　　▶ 私は人ごみをかき分けて進んだ.

☐ S506 **第4位** make progress　　　▶ 進歩する
☐ The student made great progress in English.　　　▶ その生徒の英語は大きく進歩した.

☐ S507 **第5位** make a decision　　　▶ 決断を下す
☐ The mayor made a decision immediately.　　　▶ 市長は速やかに決定を下した.

turn [tə́ːrn | タ〜ン] →p. 142

コアイメージ 「回す, 向きを変える」

2 1 3 [turn + 形容詞] ランキング

☑ S508 **第1位** **turn** sour ▶ 酸っぱくなる; うまくいかなくなる

☑ The yogurt **turned** sour. ▶ そのヨーグルトは酸っぱくなった.

☑ S509 **第2位** **turn** red ▶ 赤くなる

☑ Maple leaves **turn** red in autumn. ▶ カエデの葉は秋に赤くなる.

☑ S510 **第3位** **turn** blue ▶ 青くなる

☑ The litmus paper **turned** blue. ▶ そのリトマス試験紙は青くなった.

☑ S511 **第4位** **turn** cold ▶ 冷たくなる

☑ The weather has been **turning** cold these days. ▶ 最近寒くなってきている.

☑ S512 **第5位** **turn** professional ▶ プロに転向する

☑ She **turned** professional and made big money. ▶ 彼女はプロに転向し, 大金を稼いだ.

STAGE 4

213

性格

751 ☑ **kind**[2]
[káind | カインド]
A2

形 親切な, 優しい
関連 **kindness** 親切
☞ 【be kind to Ⓐ】 Ⓐに優しい

752 ☑ **shy**
[ʃái | シャイ]
A1

形 内気な, 恥ずかしがりの

753 ☑ **cute**
[kjúːt | キュート]
A1

形 かわいい；魅力的な

754 ☑ **wise**
[wáiz | ワイズ]
A2

形 賢い
関連 **wisdom** 賢明さ
対義 **stupid** 愚かな

出来事・計画

755 ☑ **event**
[ivént | イヴェント]
A1

名 行事, イベント

756 ☑ **fact**
[fækt | ふぁクト]
A2

名 事実, 現実

757 ☑ **plan**
[plǽn | プらぁン]
A1
B1

名 計画, プラン
動 …を計画する

758 ☑ **ready**
[rédi | レディ]
A1

形 準備ができて(いる)
☞ 【be ready for Ⓐ】 Ⓐの準備ができている

759 ☑ **happen**
[hǽpn | ハぁプン]
A1

動 (偶然に)起こる

チャンク **a kind look**	優しいまなざし
Lisa **is kind to** everyone.	▶リサはだれにでも親切だ.

チャンク **a shy boy**	内気な男の子
Don't be so **shy**.	▶そんなに恥ずかしがらないで.

チャンク **a cute little baby**	小さくてかわいい赤ちゃん
Don't you think he's **cute**?	▶彼って魅力的だと思わない?

チャンク **a wise assistant**	賢いアシスタント
I think Bill is a **wise** student.	▶ビルは賢い生徒だと思います.

チャンク **a school event**	学校行事
The singer is planning a special **event** for her fans.	▶その歌手はファンのために特別なイベントを計画している.

チャンク **a historical fact**	歴史上の事実
This story is a historical **fact**.	▶この話は歴史上の事実だ.

チャンク **have a plan**	計画がある
We have a **plan** for her birthday party.	▶私たちは彼女の誕生日パーティーを計画している.

チャンク **Are you ready?**	準備はいいですか?
Everything **is ready for** tomorrow's trip.	▶あすの旅行の準備はできた.

チャンク **happen again**	再び起こる
A traffic accident **happened** again at the same place.	▶同じ場所でまた交通事故が起きた.

STAGE 4

215

場所

760 ☐ **corner**
[kɔ́ːrnər | コーナ]
A1

名 (曲がり)角(に)

761 ☐ **farm**
[fάːrm | ふァーム]
A1

名 農場

762 ☐ **field**
[fíːld | ふィーるド]
A1

名 ❶ 畑
❷ (研究などの)分野

763 ☐ **spread**
[spréd | スプレッド]
過去・過分 spread
🔊 発音 **B2**

動 (平面に)広がる；…を広げる

教育・学習

764 ☐ **education**
[èdʒəkéiʃn | エヂュ**ケ**イション]
A2

名 (学校)教育
関連 **educate** 教育する

765 ☐ **examination**
[igzæmənéiʃn | イグザぁミ**ネ**イション]
B1

名 試験, テスト(◆略して exam ともいう)

766 ☐ **university**
[jùːnivɔ́ːrsəti | ユーニ**ヴァ**〜スィティ]
A2

名 (総合)大学(◆「単科大学」は college)

767 ☐ **example**
[igzǽmpl | イグ**ザ**ぁンプる]
A1

名 例

768 ☐ **practice** **A1**
[prǽktis | プ**ラ**ぁクティス] **A1**

動 (…を)練習する
名 練習

☑ **チャンク** **the next** corner
次の曲がり角
☑ Turn right at the next **corner**.
▶次の曲がり角を右に曲がってください.

☑ **チャンク** **live on a** farm
農場で生活する
☑ I grew up on a **farm**.
▶私は農場で育った.

☑ **チャンク** **work in the** fields
畑仕事をする
☑ My father is working in the **fields** over there.
▶父は向こうで畑仕事をしています.

☑ **チャンク** spread **through the city**
町中に広がる
☑ The news **spread** through the city.
▶そのニュースは町中に広がった.

☑ **チャンク** school **education**
学校教育
☑ Every child has a right to receive an **education**.
▶すべての子供には教育を受ける権利がある.

☑ **チャンク** **an entrance** examination
入学試験
☑ I want to pass the English **examination**.
▶私はその英語の試験に受かりたい.

☑ **チャンク** **study at a** university
大学で学ぶ
☑ My brother goes to a **university** in Tokyo.
▶私の兄は東京の大学に通っている.

☑ **チャンク** **give an** example
例を挙げる
☑ Could you give me a few **examples**?
▶例をいくつか挙げていただけますか？

☑ **チャンク** practice **the piano**
ピアノの練習をする
☑ I **practice** the guitar two hours a day.
▶私は1日2時間，ギターの練習をする.

STAGE 4

217

生命

769 ☐ **alive**
[əláiv | アらイヴ]
A2

形 生きて(いる)

770 ☐ **dead**
[déd | デッド]
A2

形 死んだ
関連 death 死

771 ☐ **survive**
[sərváiv | サヴァイヴ]
A2

動 生き残る
関連 survival 生存

772 ☐ **kill**
[kíl | キる]
A1

動 …を殺す

健康

773 ☐ **injure**
[índʒər | インヂャ]
A2

動 …を痛める
関連 injury けが

774 ☐ **recover**
[rikávər | リカヴァ]
B1

動 回復する
関連 recovery 回復

775 ☐ **patient** A2
[péiʃnt | ペイシェント] B1
発音

名 患者
形 我慢強い, 辛抱強い

776 ☐ **medicine**
[médəsn | メディスン]
A1

名 薬; 内服薬
関連 medical 医学の

777 ☐ **ill**
[íl | イる]
比較 worse
最上 worst
A2

形 病気の(◆sick よりもかたい語)
関連 illness 病気

☐ チャンク **be still** alive
☐ I believe he is still **alive**.

まだ生きている
▶私は彼がまだ生きていると信じている.

☐ チャンク **dead** leaves
☐ He has been **dead** for 10 years.

枯れ葉(⬚ 死んだ葉)
▶彼が亡くなってから10年になる
(⬚10年間死んでいる).

☐ チャンク **be able to** survive
☐ In the accident, five people were able to **survive**.

生き残ることができる
▶その事故では, 5名が生き残ることができた.

☐ チャンク **kill** fish
☐ He didn't **kill** the fish.

魚を殺す
▶彼はその魚を殺さなかった.

☐ チャンク **injure** my left hand
☐ I **injured** my right leg in yesterday's soccer game.

私の左手を痛める
▶私はきのうのサッカーの試合で右足を痛めた.

☐ チャンク **recover** from a cold
☐ My mother **recovered** from her illness.

かぜから回復する
▶母は病気から回復した.

☐ チャンク a cancer **patient**
☐ The doctor has saved many cancer **patients**.

癌(が)患者
▶その医者は今までに多くの癌患者の命を救ってきた.

☐ チャンク cold **medicine**
☐ Take this cold **medicine** three times a day after each meal.

かぜ薬
▶このかぜ薬を1日3回, 食後に服用してください.

☐ チャンク become **ill**
☐ I felt **ill** that morning, so I didn't go to school.

病気になる
▶その日の朝, 私はぐあいが悪かったので, 学校を休んだ.

STAGE 4

219

感　覚

778 ☑ **touch**
[tʌ́tʃ | **タ**ッチ]

B1 動 (手・指などで)…に触れる
A1 名 触れること

779 ☑ **smell**
[smél | **ス**メる]

B1 動 においがする, 香りがする
A1 名 におい, 香り

780 ☑ **thirsty**
[θə́ːrsti | **さ**～スティ]

A2

形 のどが渇いた

781 ☑ **view**
[vjúː | **ヴ**ュー]

A2

名 **1** 視界, 眺め
2 意見

対立・調和

782 ☑ **war**
[wɔ́ːr | **ウ**ォー(ア)]
🎺 発音
A1

名 戦争
対義 **peace** 平和

783 ☑ **support**
[səpɔ́ːrt | サ**ポ**ート]

B1 動 …を支持する, 支援する
関連 **supporter** 支持者
A2 名 支持, 支援

784 ☑ **disagree**
[dìsəgríː | ディスア**グ**リー]

A2

動 意見が合わない
対義 **agree** 賛成する

785 ☑ **attack**
[ətǽk | ア**タ**ぁック]

A2 動 …を攻撃する, 襲う
A2 名 (…への)攻撃

786 ☑ **against**
[əgénst | ア**ゲ**ンスト]

A2

前 **1** 〈敵などに〉対抗して
2 〈考えなどに〉反対して

☑ **チャンク** touch **my hand** 私の手に触れる

☑ Don't **touch** the iron. It's very hot. ▶アイロンに触れちゃだめだよ. とても熱い
から.

☑ **チャンク** smell **fresh** さわやかなにおいがする

☑ This flower **smells** sweet. ▶この花はいいにおいがする.

☑ **チャンク** feel **thirsty** のどが渇いたと感じる

☑ I'm very **thirsty**. ▶とてものどが渇いた.

☑ **チャンク** come into **view** 視界に入る

☑ The mountain slowly came into **view**. ▶徐々にその山が視界に入ってきた.

☑ **チャンク** during the **war** 戦争中に

☑ A lot of people were killed during the **war**. ▶戦争中に多くの人が命を落とした.

☑ **チャンク** support **poor people** 貧しい人々を支援する

☑ I **support** her idea. ▶私は彼女の考えを支持します.

☑ **チャンク** disagree **with you** あなたと意見が合わない

☑ I **disagree** with you. I think they did a good job. ▶そうは思いません (📖 あなたと意見が合わな
い). 彼らはよくやりました.

☑ **チャンク** attack **a police officer** 警察官を襲う

☑ They **attacked** the city at midnight. ▶彼らは真夜中にその都市を攻撃した.

☑ **チャンク** fight against **Ⓐ** **Ⓐ** と闘う

☑ My job is to fight **against** malaria. ▶マラリアと闘うことが私の仕事だ.

STAGE 4

221

時間

787 ☑ **before**
[bifɔ́ːr | ビふォー（ア）]
A1 前 …より前に[の]
　　対義 after …の後に[の]
A2 接 …する前に

788 ☑ **later**
[léitər | れイタ]
A1 副 後に
B2 形 もっと遅い
　　関連 late 遅れた

789 ☑ **already**
[ɔːlrédi | オールレディ]
A1
副 すでに，もう（◆主に現在完了形の肯定文で用いる）

790 ☑ **yet**
[jét | イェット]
A1
副 まだ（◆主に現在完了形の否定文で用いる）；もう
（◆主に現在完了形の肯定の疑問文で用いる）

集団・集まり

791 ☑ **belong**
[bilɔ́ːŋ | ビろーン〻]
A2
動 所属している
　　【belong to Ⓐ】Ⓐに所属している

792 ☑ **attend**
[əténd | アテンド]
B1
動 …に出席する

793 ☑ **gather**
[ɡǽðər | ギぁざ]
A2
動 集まる；…を集める

794 ☑ **absent**
[ǽbsənt | あブセント]
B1
形 欠席して（いる），不在で（ある）
　　【be absent from Ⓐ】Ⓐを欠席している

795 ☑ **alone**
[əlóun | アろウン]
A1 副 1人で
A2 形 たった1人の

☑ **チャンク** before **lunch**　　　　　　昼食前に
☑ I often take a walk before dinner.　　▶私はよく夕食前に散歩する.

☑ **チャンク** a few days **later**　　　　　数日後
☑ I visited London again a few years　　▶数年後, 私は再びロンドンを訪れた.
later.

☑ **チャンク** have already **started**　　　すでに始まっている
☑ I have already seen the movie.　　　　▶私はその映画をすでに見た.

☑ **チャンク** have not **decided** yet　　まだ決めていない
☑ I have not read the book yet.　　　　　▶私はまだその本を読んでいない.

☑ **チャンク** belong to **the art club**　　美術部に所属している
☑ Olivia belongs to the judo club.　　　▶オリビアは柔道部に所属している.

☑ **チャンク** attend **classes**　　　　　　授業に出席する
☑ Please attend today's meeting.　　　　▶きょうのミーティングに出席してください.

☑ **チャンク** gather **around the TV**　　テレビの周りに集まる
☑ A lot of people gathered in the　　　▶たくさんの人がスタジアムに集まった.
stadium.

☑ **チャンク** be absent from **school**　　学校を休んでいる
☑ I was absent from school today　　　　▶かぜのため, 私はきょう学校を休んだ.
because of a cold.

☑ **チャンク** travel **alone**　　　　　　　一人旅をする
☑ I don't like having dinner alone.　　　▶1人で夕食を食べるのは好きではありません.

5. 症状

S513 ☑ 頭痛がする
have a headache
[hédèik]

S514 ☑ 腹痛がする
have a stomachache
[stʌ́məkèik]

S515 ☑ 歯が痛い
have a toothache
[túːθèik]

S516 ☑ かぜをひいている
have a cold
[kóuld]

S517 ☑ 熱がある
have a fever
[fíːvər]

S518 ☑ めまいがする
feel dizzy
[dízi]

S519 ☑ のどが痛い
have a sore throat
[sɔ́ːr θróut]

S520 ☑ せきがひどい
have a bad cough
[kɔ́ːf]

S521 ☑ 腰が痛い
have a backache
[bǽkèik]

S522 ☑ 打撲傷を負う
have a bruise
[brúːz]

S523 ☑ 腕を骨折している
have a broken arm
[bróukən áːrm]

S524 ☑ 突き指している
have a sprained finger
[spréind fíŋgər]

STAGE 5

平均単語レベル
高校標準

自然・環境

796 ☐ **natural**
[nǽtʃərəl | ナあチュラる]
A2

形自然の
関連 nature 自然

797 ☐ **wild**
[wáild | ワイるド]
A2

形野生の

798 ☐ **weather**
[wéðər | ウェざ]
A1

名天気, 天候(◆「気候」は climate)

799 ☐ **recycle**
[ri:sáikl | リーサイクる]
A2

動…をリサイクルする, 再利用する

出来事・計画

800 ☐ **experience** A2
[ikspíəriəns | イクス B1
ピ(ア)リエンス]

名経験
動…を経験する

801 ☐ **project**
[prάdʒekt | プラ**ヂェ**クト]
B2

名(長期にわたる)計画, プロジェクト

802 ☐ **accident**
[ǽksidənt | **あ**クスィデント]
A2

名(予期せぬ)事故, 出来事

803 ☐ **occur**
[əkə́:r | オ**カ**〜]
B1

動〈予期しないことが〉起こる

804 ☐ **prepare**
[pripéər | プリ**ペ**ア]
A2

動…を準備する, 用意する
関連 preparation 準備

☑ チャンク the natural **environment** 自然環境
☑ We must protect the **natural** environment. ▶我々は自然環境を保護しなければならない.

☑ チャンク **wild** birds 野鳥(⬤ 野生の鳥)
☑ I can't forget the beautiful **wild** flowers. ▶その美しい野生の花が忘れられない.

☑ チャンク the **weather** report 天気予報
☑ What's the **weather** like today? ▶きょうの天気はどうですか?

☑ チャンク **recycle** plastic bottles ペットボトルをリサイクルする
☑ These bottles can be **recycled** at low cost. ▶これらのびんは低コストでリサイクルできる.

☑ チャンク have a lot of **experience** 豊富な経験がある
☑ People learn from **experience**. ▶人は経験から学ぶ.

☑ チャンク a large **project** 大規模計画
☑ They reported on a large **project** to build an airport. ▶空港を建設するという大規模計画が報道された.

☑ チャンク be in an **accident** 事故にあう
☑ John was in a traffic **accident** when he was a child. ▶子どものころ, ジョンは交通事故にあった.

☑ チャンク **occur** at 7:00 a.m. 午前7時に起こる
☑ The traffic accident **occurred** last night. ▶その交通事故は昨晩起こった.

☑ チャンク **prepare** lunch 昼食の準備をする
☑ Let's **prepare** a cake for Lisa's birthday party. ▶リサの誕生日パーティーのケーキを用意しようよ.

STAGE 5

227

問題・困難

805 ☐ **challenge** [tʃǽlindʒ | **チ**ぁれンヂ] A2	名❶ 難題 ❷（スポーツなどにおける）挑戦	

806 ☐ **danger** [déindʒər | **デ**インヂャ] A2	名危険，危機 関連 **dangerous** 危険な

807 ☐ **suffer** [sʌ́fər | **サ**ふァ] B1	動〈苦痛・損害などを〉受ける，こうむる

808 ☐ **solve** [sálv | **サ**るヴ] A1	動 …を解く；…を解決する 関連 **solution** 解決（方法）

日常生活

809 ☐ **rule** [rú:l | **ル**ーる]	A1 B2	名規則，ルール 動 …を支配する

810 ☐ **situation** [sìtʃuéiʃn | スィチュ**エ**イション] A2	名状況，場合

811 ☐ **waste** [wéist | **ウェ**イスト]	B1 B1	名無駄；廃棄物 動 …を無駄に使う，浪費する

812 ☐ **state** [stéit | ス**テ**イト] A2	名❶ 状態，状況 ❷ 国家；州

813 ☐ **matter** [mǽtər | **マ**ぁタ]	A1 A2	名事柄 動重要である（◆通例 it が主語になり， 否定文・疑問文で用いる）

☑ ☐ **チャンク face a challenge** 　　　　難題**に直面する**
☐ I faced many **challenges** during my ▶私はインド旅行の間, 多くの難題に直面した.
　　trip to India.

☑ ☐ **チャンク danger of Ⓐ** 　　　　　　　Ⓐ **の危険**
☐ There is no **danger** of a tsunami. ▶津波の危険はありません.

☑ ☐ **チャンク suffer pain** 　　　　　　　苦痛**を受ける**
☐ We **suffered** great damage. ▶我々は大損害を受けた.

☑ ☐ **チャンク solve a problem** 　　　　　問題**を解く**
☐ Can you **solve** this problem? ▶この問題を解けますか？

☑ ☐ **チャンク break the rules** 　　　　　規則**を破る**
☐ Please follow the **rules**. ▶規則に従ってください.

☑ ☐ **チャンク the same situation** 　　　同じ状況
☐ Act carefully in a dangerous **situation**. ▶危険な状況においては慎重に行動しなさい.

☑ ☐ **チャンク a waste of time** 　　　　　時間の無駄
☐ Gambling is a **waste** of money. ▶ギャンブルは金の無駄だ.

☑ ☐ **チャンク a state of health** 　　　　健康状態
☐ She is in a poor **state** of health. ▶彼女の健康状態はあまりよくない.

☑ ☐ **チャンク a private matter** 　　　　　個人的な事柄
☐ This is a very important **matter**. ▶これはとても重要な事柄だ.

STAGE 5

229

変化

814 ☑ **get**² 　p. 45 道場　動 (ある状態に)なる
[gét | ゲット]
A1

815 ☑ **keep**³ 　p. 261 道場　動 …を(…の状態に)保つ
[kí:p | キープ]　　　➡ 【keep Ⓐ Ⓑ】 ⒶをⒷの状態に保つ
A1

816 ☑ **repair** 　動 …を修理する
[ripéər | リペア]
A2

817 ☑ **develop** 　動 ❶ …を開発する
[divéləp | ディヴェろプ]　　❷ …を発展させる；発展する
関連 **development** 発展
A2

文化・芸術

818 ☑ **draw** 　動 ❶ 〈線画などを〉描く
[dró: | ドゥロー]　　関連 **drawing** 線画
過去 drew　　❷ …を引く，引っぱる
過分 drawn
A1

819 ☑ **publish** 　動 …を出版する
[pʌ́bliʃ | パブリッシ]
A2

820 ☑ **prize** 　名 賞
[práiz | プライズ]
B1

821 ☑ **treasure** 　名 財宝，宝物
[tréʒər | トゥレジャ]
🎺 発音
A2

822 ☑ **tradition** 　名 伝統
[trədíʃn | トゥラディション]　関連 **traditional** 伝統的な
A2

☑ チャンク **get better** | よくなる
☑ The days **get** shorter in the fall. | ▶秋になると日が短くなる.

☑ チャンク **keep the door open** | ドアをあけておく
☑ **Keep** your room clean all the time. | ▶常に自分の部屋を清潔にしておきなさい
（● 清潔な状態に保ちなさい）.

☑ チャンク **repair the TV** | テレビを修理する
☑ Please **repair** my bike, Dad. | ▶お父さん，ぼくの自転車を修理してよ.

☑ チャンク **develop software** | ソフトウェアを開発する
☑ We **developed** new game software. | ▶私たちは新しいゲームソフトを開発した.

☑ チャンク **draw a picture** | 絵を描く
☑ I **drew** a sketch of the scene. | ▶私はその光景をスケッチした（● その光景の
スケッチを描いた）.

☑ チャンク **publish a magazine** | 雑誌を出版する
☑ The book will be **published** next month. | ▶その本は来月に出版される予定だ.

☑ チャンク **win a prize** | 賞を獲得する
☑ I **won** first **prize**. | ▶私は一等賞を獲得した.

☑ チャンク **hidden treasure** | 隠された財宝
☑ They finally found the hidden **treasure**. | ▶彼らはついにその隠された財宝を発見した.

☑ チャンク **a long tradition** | 長い伝統
☑ We have a long **tradition** of building houses with wood. | ▶私たちには木で家を作る長い伝統がある.

STAGE 5

231

創造・破壊

823 ☑ **create**
[kriéit | クリエイト]
A2

動 …を創造する, 生み出す
関連 **creative** 創造力のある

824 ☑ **produce**
[prədjúːs | プロデュース]
A2

動 …を生産する, 生み出す
関連 **product** 生産物, **production** 生産

825 ☑ **invent**
[invént | インヴェント]
A2

動 …を発明する
関連 **invention** 発明

826 ☑ **destroy**
[distrɔ́i | ディストゥロイ]
A2

動 …を破壊する
関連 **destruction** 破壊

部分・全体

827 ☑ **part**
[páːrt | パート]
A2

名 ❶ 一部分
❷ 役(割)

828 ☑ **piece**
[píːs | ピース]
A1

名 1つ, 1個(◆a piece of ... のような形で, 数えられない名詞の前で用いる)

829 ☑ **system**
[sístəm | スィステム]
A2

名 制度, システム

830 ☑ **main**
[méin | メイン]
B1

形 主な, メイン…

831 ☑ **whole**
[hóul | ホウる]
A2

形 全体の, 全部の

☑ チャンク **create new jobs** | 新しい雇用を創出する
☑ The writer **created** a new hero in her latest book. | ▶その作家は最新作で新しいヒーローをつくり出した.

☑ チャンク **produce digital cameras** | デジタルカメラを生産する
☑ This plant **produces** hybrid cars. | ▶この工場はハイブリッドカーを生産している.

☑ チャンク **invent a new engine** | 新型のエンジンを発明する
☑ Bell **invented** the telephone. | ▶ベルは電話を発明した.

☑ チャンク **destroy a building** | 建物を破壊する
☑ We mustn't **destroy** the environment. | ▶私たちは環境を破壊してはならない.

☑ チャンク **an important part** | 大切な部分
☑ Japan is **part** of Asia. | ▶日本はアジアの一部だ.

☑ チャンク **a piece of information** | 1つの情報
☑ There is **a piece of** cake. | ▶ケーキが1切れありますよ.

☑ チャンク **the system of law** | 法制度
☑ We have to change the **system** of education. | ▶我々は教育制度を変えねばならない.

☑ チャンク **the main dish** | 主菜(⊜ 主な料理)
☑ I can't wait until the **main** event! | ▶メインイベントまで待ちきれない!

☑ チャンク **the whole story** | 物語全体
☑ Please tell me the **whole** story. | ▶一部始終(⊜ 物語全体)を話してください.

STAGE 5

233

例文で覚える英熟語

832 ☑ **for example**	例えば
833 ☑ **in fact**	(ところが)実は，実際は
834 ☑ **be known to ...**	…に知られている
835 ☑ **break down**	〈機械などが〉こわれる，故障する
836 ☑ **break out**	〈戦争などが〉急に始まる；〈疫病などが〉発生する
837 ☑ **bring about**	…を引き起こす
838 ☑ **bring up**	〈子どもなどを〉育てる（◆しばしば受身で）
839 ☑ **put off**	〈予定などを〉延期する
840 ☑ **call off**	〈予定などを〉中止する
841 ☑ **get lost**	(道に)迷う
842 ☑ **get over**	〈病気・つらい経験などを〉克服する，乗り越える
843 ☑ **suffer from ...**	〈痛み・病気などで〉苦しむ
844 ☑ **point out**	…を指摘する
845 ☑ **take part in ...**	〈活動などに〉参加する

☑ I like fantasies, **for example,** *Harry Potter.*	▶私はファンタジー小説が好きだ. 例えば, 『ハリー・ポッター』など.
☑ I said I was fine, but **in fact** I had a cold.	▶私は元気だと言ったが, 実はかぜをひいていた.
☑ His name **is known to** all the students of our school.	▶彼の名前は私たちの学校中の生徒に知られている.
☑ The air conditioner in my room suddenly **broke down.**	▶私の部屋のエアコンが突然こわれた.
☑ The war **broke out** in 1939.	▶その戦争は 1939 年に勃発(ぼっ)した (❺ 急に始まった).
☑ Computers have **brought about** a great change in our daily lives.	▶コンピュータは我々の日々の生活に大きな変化を引き起こしている.
☑ I **was brought up** in a town by the ocean.	▶私は海辺の町で育った(❺ 育てられた).
☑ I have to **put off** the trip to Paris until next month.	▶私はパリ旅行を来月まで延期しなければならない.
☑ The concert was **called off** because of heavy rain.	▶大雨のため, そのコンサートは中止された.
☑ Call me if you **get lost.**	▶道に迷ったら電話してください.
☑ She **got over** the illness at last.	▶彼女はついにその病気を克服した.
☑ I **suffered from** back pain.	▶私は腰痛で苦しんだ.
☑ She **pointed out** some problems to me.	▶彼女は私にいくつか問題点を指摘した.
☑ I'm going to **take part in** the volunteer work.	▶私はそのボランティア活動に参加するつもりだ.

STAGE 5

235

tell [tél | テる] →p. 60

コアイメージ 「情報を相手に言葉で伝える」

[tell + 名詞] ランキング

☐ S525 **第1位** tell a story ▶ 物語を話して聞かせる

☑ Local volunteers tell stories to children every Friday. ▶ 地元のボランティアは毎週金曜日に子供たちに物語を話して聞かせている.

☐ S526 **第2位** tell the truth ▶ 真実を伝える

☑ He did not tell the truth to the police. ▶ 彼は警察に真実を伝えなかった.

☐ S527 **第3位** tell a tale ▶ 物語を話して聞かせる

☑ I told a tale to my baby. ▶ 私は赤ん坊に物語を話して聞かせた.

☐ S528 **第4位** tell a lie ▶ うそを言う

☑ Don't tell a lie. ▶ うそをつくな.

☐ S529 **第5位** tell the news ▶ ニュースを伝える

☑ The TV program tells the news every Saturday afternoon. ▶ そのテレビ番組は毎週土曜日の午後にニュースを伝える.

show [ʃóu | ショウ] →p. 136

コアイメージ 「人前に見せる, 示す」

🥈🥇🥉 [show + 名詞] ランキング

☐ S530 **第1位 show** signs of ... ▶ …の兆候［形跡］を示す

☐ The clouds show signs of rain. ▶ 雨の降りそうな雲行きだ.

☐ S531 **第2位 show** (an) interest ▶ 興味を示す

☐ Many people showed interest in the new shop. ▶ 多くの人がその新しい店に興味を示した.

☐ S532 **第3位 show** evidence of ... ▶ …の形跡を示す

☐ The computer showed evidence of being hacked. ▶ コンピュータがハッキングされた形跡を示した.

☐ S533 **第4位 show** courage ▶ 勇気を示す

☐ She showed courage and spoke to him. ▶ 彼女は勇気を出し, 彼に話しかけた.

☐ S534 **第5位 show** symptoms of ... ▶ …の症状を示す

☐ The patient showed symptoms of flu. ▶ その患者はインフルエンザの症状を示していた.

数・量

846 ☑ **full**
[fúl | ふる]
A1

形 いっぱいの, 満ちた
関連 **fill** …をいっぱいにする

847 ☑ **empty**
[émpti | エンプティ]
A2

形 〈容器などが〉空の

848 ☑ **several**
[sévrəl | セヴラる]
A2

形 いくつかの, いく人かの(◆3以上で, many より少ない漠然とした数を表す)

849 ☑ **million**
[míljən | ミりョン]
A2

A2 名 100 万(◆具体的な数を表す語とともに用いる場合, 複数形の -s は付けない)
A2 形 100 万の

性格

850 ☑ **friendly**
[fréndli | ふレンドり]
B2

形 好意的な, 友好的な
関連 **friend** 友人

851 ☑ **polite**
[pəláit | ポらイト]
A2

形 礼儀正しい, 丁寧な
対義 **impolite** 無作法な

852 ☑ **pretty**
[príti | プリティ]
A1
A2

A1 形 かわいらしい, きれいな
A2 副 かなり

853 ☑ **serious**
[sí(ə)riəs | スィ(ア)リアス]
B1

形 1 深刻な, 重大な
2 本気の, まじめな
関連 **seriously** まじめに

854 ☑ **character**
[kǽrəktər | キぁラクタ]
🔊 アクセント
A1

名 1 性格；特色
2 (表意)文字(◆漢字など；アルファベットなどの「表音文字」は letter)

☑ **チャンク** be full of **Ⓐ** | **Ⓐ** でいっぱいである
☑ The train was **full** of passengers. | ▶電車は乗客でいっぱいだった.

☑ **チャンク** an **empty** glass | 空のグラス
☑ The bottle was **empty**. | ▶そのボトルは空だった.

☑ **チャンク** for **several years** | 何年かの間
☑ I bought **several** DVDs yesterday. | ▶私はきのう数枚の DVD を買った.

☑ **チャンク** half a **million** | 50 万(🔁100 万の半分)
☑ The city's population is about **three million**. | ▶その都市の人口は約 300 万人だ.

☑ **チャンク** a **friendly** smile | 好意的な笑顔
☑ My host family was very **friendly**. | ▶私のホストファミリーはとても親切だった(🔁好意的だった).

☑ **チャンク** a **polite** letter | 丁寧な手紙
☑ Be **polite** to others. | ▶他人には礼儀正しくしなさい.

☑ **チャンク** a **pretty** pet | かわいらしいペット
☑ Their daughter is very **pretty**. | ▶彼らの娘はとてもかわいらしい.

☑ **チャンク** **serious** damage | 深刻なダメージ
☑ Cell phones have brought about some **serious** problems. | ▶携帯電話はいくつかの深刻な問題を引き起こしている.

☑ **チャンク** a **strong** character | しっかりした性格
☑ Everybody says Bill has a good **character**. | ▶ビルは性格がいいとだれもが言う.

STAGE 5

教育・学習

855 ☐ **theory**
[θíːəri | **すィ**ーオリ]
B1

名 理論

856 ☐ **research**
[ríːsəːrtʃ | **リ**ーサ〜チ]
A2

名 研究, 調査

857 ☐ **intelligence**
[intélidʒəns | イン**テ**りヂェンス]
A2

名 知能
関連 intelligent 知能が高い

858 ☐ **graduate**
[grǽdʒuèit | グ**ラ**ぁヂュエイト]
A2

動 (学校などを)卒業する
関連 graduation 卒業

行為・行動

859 ☐ **choose**
[tʃúːz | **チ**ューズ]
過去 chose
過分 chosen
A1

動 …を選ぶ
関連 choice 選択

860 ☐ **leave²**
[líːv | **リ**ーヴ]
A1

動 …を(同じ状態に)しておく
➡【leave Ⓐ Ⓑ】 ⒶをⒷのままにしておく

861 ☐ **protect**
[prətékt | プロ**テ**クト]
B1

動 …を守る, 保護する
関連 protection 保護
➡【protect Ⓐ from Ⓑ】 ⒶをⒷから守る

862 ☐ **marry**
[mǽri | **マ**ぁり]
A2

動 (…と)結婚する(◆×marry with ... とはいわない)
関連 marriage 結婚

863 ☐ **volunteer**
[vàləntíər | ヴァらン**ティ**ア]
🔊 アクセント
B2

名 ボランティア

☑ チャンク **a scientific** theory 科学理論
☑ I'm looking for a book on music **theory**. ▶私は音楽理論についての本を探している.

☑ チャンク **do** research 研究をする
☑ They are doing **research** on the disease. ▶彼らはその病気について研究している.

☑ チャンク **high** intelligence 高い知能
☑ Chimpanzees have high **intelligence**. ▶チンパンジーには高い知能がある.

☑ チャンク**graduate from high school** 高校を卒業する
☑ My brother **graduated** from college last year. ▶兄は去年大学を卒業した.

☑ チャンク **choose the best place** 最もよい場所を選ぶ
☑ We **chose** the best place to watch the game. ▶私たちは試合を見るのに最もよい場所を選んだ.

☑ チャンク **leave the gate open** 門をあけたままにしておく
☑ Please **leave** the windows open. ▶窓をあけたままにしておいてください.

☑ チャンク **protect the earth** 地球を守る
☑ We must **protect** the earth **from** global warming. ▶私たちは地球を温暖化から守らねばならない.

☑ チャンク **Will you marry me?** 私と結婚してくれますか?
☑ Rachel and Ross have just **married**. ▶レイチェルとロスは新婚夫婦だ(🔵 結婚したばかりだ).

☑ チャンク **volunteer activities** ボランティア活動
☑ We are doing **volunteer** activities every Sunday. ▶私たちは毎週日曜日にボランティア活動をしている.

コミュニケーション

864 ☐ **conversation**
[kὰnvərséiʃn | カンヴァ**セイ**ション]
A1

名 会話

865 ☐ **communicate**
[kəmjú:nikèit | コミューニケイト]
A2

動 (意思などを)伝え合う
関連 communication コミュニケーション

866 ☐ **express**
[iksprés | イクス**プレ**ス]
B1

動 〈考え・情感などを〉表す
関連 expression 表現
形 〈列車が〉急行の

867 ☐ **treat**
[trí:t | トゥ**リー**ト]
B2

動 ❶ …に(ある感情をもって)接する
❷ …を治療する
関連 treatment 治療

移動・動き

868 ☐ **follow**
[fálou | **ふァ**ろウ]
A2

動 ❶ (…に)ついて行く, (後から)ついて行く
❷ 〈法律などに〉従う

869 ☐ **disappear**
[dìsəpíər | ディスア**ピ**ア]
A2

動 見えなくなる, 姿を消す
対義 appear 現れる

870 ☐ **reach**
[rí:tʃ | **リー**チ]
A2

動 …に到着する;〈ある段階などに〉達する

871 ☐ **return**
[ritə́:rn | リ**ター**ン]
A2
A2

動 (元の場所へ)戻る; …を返す
名 戻ること

872 ☐ **toward**
[tɔ́:rd | **トー**ド]
A2

前 …の方へ, …に向かって(◆towards とも書く)

☑ チャンク **everyday** conversation　日常の会話
☑ I had a private **conversation** with Alice.　▶私はアリスと個人的な会話をした.

☑ チャンク **communicate** with my friends　友人たちと連絡を取り合う
☑ My sister in Tokyo **communicates** with me by e-mail.　▶東京にいる姉と私はEメールで連絡を取り合っている.

☑ チャンク **express** my opinion　私の意見を表明する
☑ She **expressed** her views on school education.　▶彼女は学校教育について自分の考えを表明した.

☑ チャンク **treat** me like a child　私を子ども扱いする
☑ My sister always **treats** me like a child.　▶姉はいつもぼくを子ども扱いする.

☑ チャンク **follow** behind　後からついて行く
☑ They **followed** close behind.　▶彼らはすぐ後からついて行った.

☑ チャンク **disappear** from view　視界から消える
☑ The plane **disappeared** from view after a few minutes.　▶数分後, その飛行機は視界から消えた.

☑ チャンク **reach** the final stage　最終段階に達する
☑ We finally **reached** the island.　▶我々はとうとうその島に到着した.

☑ チャンク **return** home　家に帰る
☑ My parents **returned** home from their trip yesterday.　▶両親はきのう旅行から戻った.

☑ チャンク **toward** the door　ドアの方へ
☑ Let's walk **toward** the station.　▶駅の方に向かって歩こうよ.

STAGE 5

LESSON 9

説明・提案

873 □ explain
[ikspléin | イクスプ**れ**イン]
A2

動 …を説明する
関連 explanation 説明

874 □ suggest
[səgdʒést | サ(グ)**ヂェ**スト]
A2

動 …を提案する
関連 suggestion 提案
【suggest doing】…することを提案する

875 □ warn
[wɔ́ːrn | **ウォ**ーン]
発音
B1

動 …に警告する
関連 warning 警告
【warn Ⓐ of Ⓑ】ⒶにⒷを警告する

876 □ advice
[ədváis | アドゥ**ヴァ**イス]
アクセント
A2

名 アドバイス, 助言
関連 advise 助言する

類似・違い

877 □ various
[véəriəs | **ヴェ**(ア)リアス]
B1

形 さまざまな, いろいろな
関連 variety 多様性

878 □ similar
[símələr | **スィ**ミら]
A2

形 (よく)似ている
関連 similarly 同様に
【be similar to Ⓐ】Ⓐに似ている

879 □ equal
[íːkwəl | **イー**クウォる]
B1

形 等しい; 平等な
関連 equally 平等に

880 □ compare
[kəmpéər | コン**ペ**ア]
A2

動 …を比較する, 比べる
関連 comparison 比較

881 □ difference
[dífərəns | **ディ**ふァレンス]
A1

名 違い, 相違(点)
関連 different 違った

☑ チャンク explain **the reason** | 理由を説明する
☐ Meg **explained** the real reason to us. | ▶メグは私たちに本当の理由を説明した.

☑ チャンク suggest **a new plan** | 新しい計画を提案する
☐ I **suggested** going by train. | ▶私は電車で行くことを提案した.

☑ チャンク **I warned you.** | 前に警告したでしょう.
☐ The doctor **warned** me of the dangers of eating too much. | ▶医者は私に, 食べ過ぎの危険性を警告した.

☑ チャンク ask for **advice** | アドバイスを求める
☐ You should ask your parents for **advice**. | ▶ご両親にアドバイスを求めたほうがいいですよ.

☑ チャンク for **various reasons** | さまざまな理由のため
☐ They gave up the project for **various** reasons. | ▶さまざまな理由のため, 彼らはその計画を断念した.

☑ チャンク in a **similar way** | 似た方法で
☐ Your bag **is similar to** my sister's. | ▶あなたのバッグは私の姉のものによく似ています.

☑ チャンク equal **rights** | 等しい権利
☐ All people should have **equal** rights. | ▶すべての人には等しい権利があるべきだ.

☑ チャンク compare **the values** | 価値を比較する
☐ I **compared** the sizes and colors of those boots. | ▶私はそれらのブーツのサイズと色を比較した.

☑ チャンク make a big **difference** | 大きな違いを生む
☐ There is little **difference** between these two cell phones. | ▶これら2つの携帯電話の間にはほとんど違いがない.

STAGE 5

245

例文で覚える英熟語

882 ☑ **happen to** *do*	偶然…する
883 ☑ **keep in touch (with ...)**	(…と) 連絡を取り合う
884 ☑ **take place**	〈予定されたイベントなどが〉行われる
885 ☑ **at a loss**	途方にくれて
886 ☑ **both Ⓐ and Ⓑ**	ⒶとⒷの両方
887 ☑ **either Ⓐ or Ⓑ**	ⒶかⒷのどちらか
888 ☑ **by accident**	偶然に
889 ☑ **by mistake**	誤って. 間違って
890 ☑ **cut down on ...**	… (の量) を減らす
891 ☑ **so far**	今のところ
892 ☑ **have something to do with ...**	…と何らかの関係がある
893 ☑ **be concerned about ...**	…について心配している
894 ☑ **What if ...?**	もし…だったらどうしよう
895 ☑ **would rather** *do*	むしろ…したい

☑ **I happened to** meet Kate in New York. ▶私はニューヨークで偶然ケイトと出会った.

☑ **Keep in touch with** me from now on. ▶これからは連絡を取り合おうね.

☐ The game will **take place** next month. ▶その試合は来月行われる予定だ.

☑ I was **at a loss** at that time. ▶私はそのとき途方にくれていた.

☑ Emma speaks **both** English **and** Spanish. ▶エマは英語とスペイン語の両方を話す.

☑ They will leave **either** today **or** tomorrow. ▶彼らはきょうかあすのどちらかに出発する予定だ.

☑ I found the book **by accident**. ▶私は偶然その本を見つけた.

☑ I sent the e-mail to her **by mistake**. ▶私は誤って彼女にその E メールを送ってしまった.

☐ You must **cut down on** sugar. ▶糖分の摂取(<ruby>摂取<rt>せっしゅ</rt></ruby>)量を減らしなさい.

☑ **So far** I haven't received a letter from her. ▶今のところ, 私は彼女から手紙を受け取っていない.

☑ She **has something to do with** the NGO. ▶彼女はその NGO(非政府組織)と何らかの関係がある.

☑ She **is** always **concerned about** her children. ▶彼女はいつも子どもたちのことを心配している.

☑ **What if** I lose my cell phone? ▶もし携帯電話をなくしちゃったらどうしよう?

☐ I **would rather** have a quiet time on the beach. ▶むしろ海岸で静かな時を過ごしたい気がする.

⏩ Scene 9 夕食後 After Dinner

S535 ☑ ①ソファー
sofa
[sóufə]

S536 ☑ ②コーヒーテーブル
coffee table
[kɔ́:fi tèibl]

S537 ☑ ③敷物
rug
[rʌ́g]

S538 ☐ ④フロアスタンド
floor lamp
[flɔ́:r læ̀mp]

S539 ☑ ⑤リモコン
remote control
[rimóut kəntróul]

夕食後の行動 Actions after Dinner

S540 ☐ 夕刊を読む
read the evening paper

S541 ☑ 飼い猫の世話をする
take care of our cat

S542 ☑ ネットサーフィンをする
surf the Net

S543 ☐ 1日の出来事について話す **talk about the day's events**

S544 ☑ 宿題をする
do my homework

S545 ☑ 筋力トレーニングをする
build up my muscles

S546 ☑ シャンプーする
shampoo my hair

S547 ☑ 入浴する
take a bath

S548 ☐ 体重計で体重をはかる
weigh myself on the scale

S549 ☐ 体重が増える
gain weight

S550 ☐ ダイエットを決意する
decide to go on a diet

S551 ☐ アイスクリームを我慢する
give up ice cream

S552 ☐ おやすみを言う
say goodnight

S553 ☐ 目覚ましをセットする
set the alarm

S554 ☑ ベッドで本を読む
read in bed

S555 ☑ 部屋の明かりを消す
turn off the room light

Sweet dreams!

特別・例外

896 ☐ **special**
[spéʃl | スペシャる]
A1

形 ❶ 特別な
❷ (学問・仕事などについて)専門の

897 ☐ **especially**
[ispéʃəli | イスペシャり]
A2

副 特に

898 ☐ **except**
[iksépt | イクセプト]
A2

前 …以外(に)は, …を除いて
関連 exception 例外

与える・受け取る

899 ☐ **accept**
[əksépt | アクセプト]
A2

動 …を(喜んで)受け取る；…を受け入れる

900 ☐ **exchange**
[ikstʃéindʒ | イクスチェインヂ]
B1

動 …を交換する, 取り替える

901 ☐ **lend**
[lénd | れンド]
過去・過分 lent
A2

動 …を(無料で)貸す
➡ 【lend ❹ ❺】 ❹に❺を貸す

902 ☐ **borrow**
[bɔ́:rou | ボーロウ]
A1

動 …を(無料で)借りる(◆トイレなど, 設置してある物を「使わせてもらう」ときは use を使う)

903 ☐ **offer**
[ɔ́:fər | オーふァ]
A2
A2

名 申し出, 提案
動 …を提供する

904 ☐ **supply**
[səplái | サプらイ]
B1
B2

名 供給(量)
動 …を供給する

☑ チャンク **a special day** 　　　特別な日
☑ The beach is a special place for me. ▶その海岸は私にとって特別な場所だ.

☑ チャンク **especially for you** 　　特にあなたのために
☑ I made this cake especially for you. ▶特にあなたのためにこのケーキを作りました.

☑ チャンク **except Sundays** 　　　日曜日以外は
☑ The store is open every day except Sundays. ▶その店は日曜日以外は毎日あいている.

☑ チャンク **accept a present** 　　　プレゼントを受け取る
☑ Monica accepted the birthday present from Bill. ▶モニカはビルからの誕生日プレゼントを受け取った.

☑ チャンク **exchange presents** 　　プレゼントを交換する
☑ Let's exchange e-mail addresses. ▶Eメールアドレスを交換しましょう.

☑ チャンク **lend money** 　　　　　お金を貸す
☑ Please lend me your bike. ▶私に自転車を貸してください.

☑ チャンク **borrow a car** 　　　　車を借りる
☑ I borrowed the book from Ms. Green. ▶私はグリーン先生からその本を借りた.

☑ チャンク **accept an offer** 　　　申し出を受け入れる
☑ The country didn't accept our offer of help. ▶その国は我々の援助の申し出を受け入れなかった.

☑ チャンク **the supply of water** 　　水の供給
☑ The supply of water has stopped since yesterday. ▶きのうから水の供給が止まっている.

STAGE 5

251

個人・公共

905 ☑ **public**
[pʌ́blik | パブリック]
B1

形公共の；公立の

906 ☑ **private**
[práivit | プライヴェット]
A2

形❶個人的な，私的な
関連 **privacy** プライバシー
❷〈学校などが〉私立の

907 ☑ **social**
[sóuʃl | ソウシャる]
A1

形社会の，社会的な
関連 **society** 社会

908 ☑ **individual**
[ìndəvídʒuəl | インディ
ヴィヂュアる]
B1 **B2**

形個人の，個々の
名個人

考え・概念

909 ☑ **reason**
[ríːzn | リーズン]
A1

名理由
☞【reason why ...】…の理由

910 ☑ **opinion**
[əpínjən | オピニョン]
A2

名意見

911 ☑ **guess**
[gés | ゲス]
A1

動（…を）推測する

912 ☑ **suppose**
[səpóuz | サポウズ]
B1

動（おそらく）…だと思う

913 ☑ **expect**
[ikspékt | イクスペクト]
A2

動…を予期する，予想する
関連 **expectation** 予想

☑ チャンク **a public place** 公共の場

☐ My mother works at a **public** library. ▶母は公立図書館で働いている.

☑ チャンク **a private life** 私生活(圏 個人的な生活)

☐ Carol is out on **private** business. ▶キャロルは私用で(圏 個人的な用事で)外出している.

☑ チャンク **a social problem** 社会問題

☐ Teenage smoking is a serious **social** problem. ▶10代の喫煙は深刻な社会問題だ.

☑ チャンク **individual freedom** 個人の自由

☐ Every student has an **individual** character of his or her own. ▶生徒には皆, 個性(圏 個人の性格)がある.

☑ チャンク **a good reason** 当然の理由

☐ Tell me the **reason why** you were late. ▶遅刻した理由を言いなさい.

☑ チャンク **give an opinion** 意見を述べる

☐ Give me your **opinion** about the Internet. ▶インターネットについてどう思いますか(圏 あなたの意見をください).

☑ チャンク **guess the reason** 理由を推測する

☐ Can you **guess** his age? ▶彼の年齢を言い当てられますか(圏 推測できますか)?

☑ チャンク **Yes, I suppose so.** はい, おそらくそうだと思います.

☐ I **suppose** Sophie will be in her room. ▶ソフィーならおそらく自分の部屋にいると思います.

☑ チャンク **expect a hot summer** 暑い夏を予期する

☐ We're **expecting** a cool summer this year. ▶今年は冷夏になりそうだ(圏 冷夏を予期している).

STAGE 5

行為・行動

914 ☐ **take**³   📘p. 188 道場   動〈動作を〉行う
[téik | テイク]
A1

915 ☐ **behave**   動 ふるまう
[bihéiv | ビヘイヴ]   関連 behavior ふるまい
B1

916 ☐ **celebrate**   動〈特別な日・めでたいことを〉祝う
[séləbrèit | セれブレイト]
A1

917 ☐ **method**   名（体系的な）方法
[méθəd | メそッド]
A2

性質・状態

918 ☐ **appear**   動（…のように）見える；現れる
[əpíər | アピア]   🍳【appear (to be) Ⓐ】 Ⓐのように見える
A2

919 ☐ **exist**   動 存在する
[igzíst | イグズィスト]   関連 existence 存在
A2

920 ☐ **clean**   A1   形 きれいな, 清潔な
[klíːn | クリーン]   A1   動 …をきれいにする

921 ☐ **dirty**   形 汚い, 汚れている
[də́ːrti | ダ～ティ]
A1

922 ☐ **quality**   名 質, 品質
[kwáləti | クワりティ]   対義 quantity 量
A2

☐ **チャンク** take **a walk**	散歩する
☐ Let's **take** a walk.	▶散歩しようよ.

☐ **チャンク** behave **well**	行儀よくふるまう
☐ **Behave** well at tonight's dinner party.	▶今夜のディナーパーティーでは行儀よくふるまうんだよ.

☐ **チャンク** celebrate **Christmas**	クリスマスを祝う
☐ I **celebrated** the New Year with my family.	▶私は家族といっしょに新年を祝った.

☐ **チャンク** a new **method**	新しい方法
☐ The school introduced a new **method** of teaching English.	▶その学校は新しい英語教育の方法を導入した.

☐ **チャンク** appear **happy**	うれしそうに見える
☐ Ms. Brown **appeared** (**to be**) surprised at the news.	▶ブラウンさんはそのニュースに驚いているように見えた.

☐ **チャンク** exist **in the real world**	現実の世界に存在している
☐ Do you think life **exists** on Mars?	▶火星に生命は存在すると思いますか？

☐ **チャンク** clean **water**	きれいな水
☐ The hotel room was very **clean**.	▶そのホテルの部屋はとてもきれいだった.

☐ **チャンク** dirty **clothes**	汚れている衣服
☐ The floor is very **dirty**. Let's clean it.	▶床がとても汚れています. きれいにしましょう.

☐ **チャンク** high **quality**	高品質
☐ We have to raise the **quality** of service.	▶私たちはサービスの質を上げなくてはならない.

始まり・終わり

923 ☑ **cause**　**A2**　動 …の原因となる；…を引き起こす
[kɔ́ːz | コーズ]　（◆bring about と同義）
B2　名 原因

924 ☑ **result**　**A1**　名 結果
[rizʌ́lt | リザるト]　**B1**　動 （結果として）起こる

925 ☑ **purpose**　名 目的
[pə́ːrpəs | パ～パス]
発音
A2

926 ☑ **aim**　**B1**　名 目的, 目標
[éim | エイム]　**B2**　動 （…することを）目標にする(to do)

知識・発見

927 ☑ **find**²　p. 92 道場　動 …だと分かる, 気づく
[fáind | ふァインド]　【find that ...】 …だと分かる, 気づく
A1

928 ☑ **discover**　動 …を発見する
[diskʌ́vər | ディスカヴァ]　関連 discovery 発見
A2

929 ☑ **notice**　動 …に気づく
[nóutis | ノウティス]
B1

930 ☑ **realize**　動 ❶ …を認識する, …に気づく
[rí(ː)əlàiz | リ(ー)アらイズ]　❷ …を実現する
A2

931 ☑ **aware**　形 （状況などに）気づいて
[əwéər | アウェア]
B1

☑ **チャンク** **cause** an accident | 事故の原因となる
☑ Driving too fast can **cause** an accident. | ▶スピードを出し過ぎた運転は事故の原因となりうる.

☑ **チャンク** the **result** of the exam | 試験の結果
☑ The **result** of the research was interesting. | ▶その調査結果は興味深い内容だった.

☑ **チャンク** the **purpose** of Ⓐ | Ⓐ の目的
☑ The **purpose** of this trip is to refresh myself. | ▶この旅の目的は私自身リフレッシュすることだ.

☑ **チャンク** the main **aim** | 主な目的
☑ What is the main **aim** of this plan? | ▶この計画の主な目的は何ですか？

☑ **チャンク** **find that** he is right | 彼が正しいと分かる
☑ I soon **found that** he was honest. | ▶私はすぐに彼が正直な性格だと分かった.

☑ **チャンク** **discover** an island | 島を発見する
☑ Dr. Williams **discovered** a new star. | ▶ウィリアムズ博士は新しい星を発見した.

☑ **チャンク** **notice** the difference | 違いに気づく
☑ I **noticed** the strange sound. | ▶私はその奇妙な音に気づいた.

☑ **チャンク** **realize** a mistake | 間違いを認識する
☑ He didn't **realize** his mistake and continued his speech. | ▶彼は間違いに気づかないままスピーチを続けた.

☑ **チャンク** **be aware of** Ⓐ | Ⓐ に気づいている
☑ She was **aware** of the serious situation. | ▶彼女は深刻な状況に気づいていた.

STAGE 5

257

例文で覚える英熟語

932 ☑ **account for ...**	…の理由を説明する
933 ☑ **allow for ...**	…を考慮に入れる
934 ☑ **stand for ...**	…を表す
935 ☑ **except for ...**	…を除けば
936 ☑ **according to ...**	…によれば
937 ☑ **as a result**	結果として
938 ☑ **in public**	人前で
939 ☑ **cannot help** *do*ing	…せずにはいられない
940 ☑ **not only ❹ but (also) ❺**	❹だけでなく❺もまた
941 ☑ **neither ❹ nor ❺**	❹も❺も…ない
942 ☑ **whether ... or not**	…かどうか（◆ or notはしばしば省略される）
943 ☑ **whether ❹ or ❺**	❹か❺か
944 ☑ **on purpose**	わざと
945 ☑ **for the purpose of** *do*ing	…する目的で

☑ How do you **account for** this situation?	▶あなたはこの事態をどう説明するのですか？
☑ We should **allow for** bad weather and leave early.	▶我々は悪天候を考慮に入れて早めに出発すべきだ．
☑ "UN" **stands for** "United Nations."	▶ UN は United Nations（国際連合）を表す．
☑ **Except for** the weather, it was a wonderful holiday.	▶天気を除けば，すばらしい休日だった．
☑ **According to** the news, Japan won the game.	▶ニュースによれば，日本が試合に勝ったらしい．
☑ **As a result**, I had to stay there for three hours.	▶結果として，私はそこに3時間いなければならなかった．
☑ Don't do such a thing **in public**.	▶人前でそんなことをしてはいけません．
☑ **I couldn't help crying**.	▶私は泣かずにはいられなかった．
☑ Helen can speak **not only** English **but** (**also**) French.	▶ヘレンは英語だけでなくフランス語も話せる．
☑ **Neither** Bob **nor** John will come to the party.	▶ボブもジョンもパーティーには来ません．
☑ The point is **whether** you really want to win **or not**.	▶重要なのは君がほんとうに勝ちたいかどうかということだ．
☑ Nobody knows **whether** we will win **or lose**.	▶私たちが勝つか負けるかはだれにも分からない．
☐ He broke the glass **on purpose**.	▶彼はそのグラスをわざと割った．
☐ Amy went to France **for the purpose of studying** fashion design.	▶エイミーはファッションデザインを勉強する目的でフランスへ行った．

STAGE 5

259

work [wə́ːrk | ワ〜ク] →p. 84

コアイメージ 「人や機械・集団などが働いて機能する」

2 1 3 [work in [at] + 名詞]ランキング

☐ S556 第1位 **work at** home	▶ 在宅勤務する
☐ My father works at home twice a week.	▶ 父は週に2日，在宅勤務をしている．

☐ S557 第2位 **work in** [at] a factory	▶ 工場で働く
☐ I work in a car factory.	▶ 私は自動車工場で働いている．

☐ S558 第3位 **work in** a shop	▶ 店で働く
☐ He works in a flower shop.	▶ 彼は生花店で働いている．

☐ S559 第4位 **work in** [at] the office	▶ 会社で働く
☐ My mother works in the office as an engineer.	▶ 母はエンジニアとして会社で働いている．

☐ S560 第5位 **work in** [at] the hospital	▶ 病院で働く
☐ Many skillful nurses work in the hospital.	▶ 多くの有能な看護師がその病院で働いている．

keep [kíːp | キープ] →p. 158

コアイメージ 「自分のところに一定期間ずっともっている,保持する」

❷❶❸ [keep + 名詞] ランキング

☑ S561 👑第1位 **keep an eye (on ...)**	▶ (…から) 目を離さない
☑ You must **keep an eye on** your luggage.	▶ 荷物から目を離さないようにしなくてはいけません.

☑ S562 第2位 **keep** *one's* **mind (on ...)**	▶ (…に) (意識を) 集中する
☑ Watch out! **Keep your mind on** driving!	▶ 危ない! 運転に集中しなさい!

☑ S563 第3位 **keep** *one's* **head**	▶ 冷静さを保つ
☑ I tried to **keep my head** during the discussion.	▶ 私は議論の間,冷静さを保つように努めた.

☑ S564 第4位 **keep pace with ...**	▶ …に遅れずについていく
☑ My grandmother **keeps pace with** the trend and uses her smartphone well.	▶ 私の祖母は流行に遅れず,スマートフォンを使いこなしている.

☑ S565 第5位 **keep control of ...**	▶ …をコントロールする
☑ She tried to **keep control of** her feelings.	▶ 彼女は自分の感情をコントロールしようとした.

LESSON 16

程度

946 □ average A2
[ǽvəridʒ | **あ**ヴェレッヂ] A2
形 平均の
名 平均(値)

947 □ complete
[kəmplíːt | コンプ**リ**ート] A2
形 完全な
関連 completely 完全に

948 □ exactly
[igzǽktli | イグ**ザぁ**クトり] A2
副 (情報・数値などが)正確に；(強調して)まったく
関連 exact 正確な

949 □ hardly
[háːrdli | **ハ**ードり] A2
副 ほとんど…ない

自然・環境

950 □ nature
[néitʃər | **ネ**イチャ] A2
名❶ 自然
関連 natural 自然の
❷ 本質，性質

951 □ environment
[inváiərənmənt | イン**ヴァ**イ
(ア)ロンメント] B2
名 (人間が生活を営む)環境；自然環境
関連 environmental 環境の

952 □ climate
[kláimit | ク**ら**イメット] B1
名 気候(◆「天気」は weather)

953 □ pollution
[pəlúːʃn | ポ**る**ーション] A1
名 汚染，公害
関連 pollute 汚染する

954 □ electric
[iléktrik | イ**れ**クトゥリック] A2
形 電気で動く；電気の
関連 electricity 電気

☑ チャンク **an average speed** | 平均速度
☑ The **average** age of the players is 24. | ▶選手の平均年齢は 24 歳だ.

☑ チャンク **a complete change** | 完全な変化
☑ I have a **complete** set of Soseki's works. | ▶私は漱石全集（圖 漱石作品の完全な一式）を持っている.

☑ チャンク **exactly the same** | まったく同じ
☑ Do you know **exactly** what he said? | ▶彼が何と言ったか，正確に知っていますか？

☑ チャンク **hardly know the singer** | その歌手のことはほとんど知らない
☑ I can **hardly** swim. | ▶私はほとんど泳げない.

☑ チャンク **protect nature** | 自然を守る
☑ The NPO is working hard to protect **nature**. | ▶その NPO（民間非営利団体）は自然を守るため懸命に働いている.

☑ チャンク **a home environment** | 家庭環境
☑ The home **environment** has a great influence on a child. | ▶家庭環境は子どもにたいへん大きな影響を与える.

☑ チャンク **a warm climate** | 温暖な気候
☑ We have a cold **climate** here. | ▶ここの気候は寒冷だ.

☑ チャンク **water pollution** | 水質汚染
☑ Air **pollution** in Beijing is serious. | ▶北京の大気汚染は深刻だ.

☑ チャンク **an electric rice cooker** | 電気炊飯器
☑ My father will buy an **electric** car. | ▶父は電気自動車を買うつもりだ.

関係

955 ☑ **close²**
[klóus | ク**ロ**ウス]
🎣 発音
A1

形 親しい；(距離・時間が)近い
関連 closely 密接に

---

956 ☑ **familiar**
[fəmíljər | ふァ**ミ**リャ]
A2

形 〈物事が〉よく知られた
👉 【be familiar to Ⓐ】 Ⓐによく知られている

---

957 ☑ **independent**
[ìndipéndənt | インディ**ペン**デント]
B1

形 独立した
関連 independence 独立

---

958 ☑ **depend**
[dipénd | ディ**ペン**ド]
A2

動 (…)しだいである, (…)に頼る
👉 【depend on Ⓐ】 Ⓐ しだいである

心・感情

959 ☑ **relax**
[riléks | リ**ら**ックス]
A2

動 くつろぐ, リラックスする

---

960 ☑ **respect**
[rispékt | リ**スペ**クト]
B1
B1

動 …を尊敬する
名 尊敬(の念)

---

961 ☑ **nervous**
[nə́:rvəs | **ナ**〜ヴァス]
A2

形 緊張して(いる)；神経質になって(いる)

---

962 ☑ **attention**
[əténʃn | ア**テ**ンション]
A2

名 注意

---

963 ☑ **courage**
[kə́:ridʒ | **カ**〜リッヂ]
🎣 発音
B1

名 勇気
関連 encourage 勇気づける

☑ **チャンク** a **close** friend ・ 親しい友人
☑ My school is **close** to the station. ・ ▶私の学校は駅に近い.

☑ **チャンク** a **familiar** name ・ よく聞く名前
☑ Her name **is familiar to** Japanese people. ・ ▶彼女の名前は日本人によく知られている.

☑ **チャンク** an **independent** country ・ 独立国
☑ Indonesia became **independent** from the Netherlands in 1949. ・ ▶インドネシアは 1949 年にオランダから独立した.

☑ **チャンク** **depend on** luck ・ 運しだいである
☑ The final schedule **depends on** the weather. ・ ▶最終的なスケジュールは天候しだいです.

☑ **チャンク** Please **relax.** ・ どうぞおくつろぎください.
☑ I like to **relax** in a hot bath. ・ ▶私は熱い風呂につかってくつろぐのが好きだ.

☑ **チャンク** **respect** my parents ・ 私の両親を尊敬する
☑ I **respect** Einstein as a great scientist. ・ ▶私はアインシュタインを偉大な科学者として尊敬している.

☑ **チャンク** get **nervous** ・ 緊張する
☑ I got very **nervous** before the exam. ・ ▶試験前, 私はとても緊張した.

☑ **チャンク** pay **attention** ・ 注意を払う
☑ He didn't pay **attention** to my advice. ・ ▶彼は私のアドバイスに注意を払わなかった.

☑ **チャンク** have the **courage** ・ 勇気がある
☑ You should have the **courage** to say "No." ・ ▶あなたは「ノー」と言う勇気をもつべきだ.

STAGE 5

経済・ビジネス

964 ☐ **cheap**
[tʃíːp | チープ]
A2

形安い；安っぽい

965 ☐ **expensive**
[ikspénsiv | イクスペンスィ
ヴ]
A1

形高価な，高い

966 ☐ **worth**
[wə́ːrθ | ワ～す]
B1

形…の価値がある（◆金額などを伴う）
【be worth doing】…する価値がある

967 ☐ **industry**
[índəstri | インダストゥリ]
アクセント
B1

名産業
関連 industrial 産業の

コミュニケーション

968 ☐ **discuss**
[diskʌ́s | ディスカス]
A1

動…について話し合う（◆×discuss about ... とはい
わない）
関連 discussion 議論

969 ☐ **reply**
[riplái | リプらイ]
B1
A2

動答える，返事をする
【reply to Ⓐ】Ⓐに返事をする
名返事

970 ☐ **insist**
[insíst | インスィスト]
B1

動（…を強く）主張する
【insist on Ⓐ】Ⓐを強く主張する

971 ☐ **complain**
[kəmpléin | コンプれイン]
A2

動不平[苦情]を言う
関連 complaint 不平

972 ☐ **subject**
[sʌ́bdʒikt | サブヂェクト]
A1

名❶話題，テーマ
❷（授業の）科目

☐ **チャンク** a cheap ticket — 安い**チケット**

☐ Tomatoes are cheap in summer. ▶トマトは夏の間安い.

☐ **チャンク** an expensive watch — 高価な**腕時計**

☐ That hotel is expensive. ▶あのホテルは(宿泊料が)高い.

☐ **チャンク** be worth one million dollars — 100万ドルの価値がある

☐ This book is worth reading. ▶この本は読む価値がある.

☐ **チャンク** high-tech industries — ハイテク産業

☐ I'm looking for a job in the computer industry. ▶私はコンピュータ産業の仕事を探している.

☐ **チャンク** discuss our plan — 私たちの計画について話し合う

☐ You should discuss the problem with your teacher. ▶その問題については先生と話し合ったほうがいいですよ.

☐ **チャンク** reply to an e-mail — Eメールに返信する

☐ He didn't reply to my question. ▶彼は私の質問に答えなかった.

☐ **チャンク** insist on the importance — 重要性を強く主張する

☐ She insisted on the importance of helping each other. ▶彼女はお互い助け合うことの重要性を強く主張した.

☐ **チャンク** complain about the noise — 騒音に苦情を言う

☐ He complained about the food at the restaurant. ▶彼はそのレストランで,料理について不平を言った.

☐ **チャンク** a subject of study — 研究テーマ

☐ Let's change the subject. ▶話題を変えましょう.

STAGE 5

267

この索引には，PRE-STAGE，本文LESSON，「コーパス道場」に収録されている単語，熟語がそれぞれアルファベット順に掲載されています（単語には発音記号を併記）．太字の語句は見出し語句として，細字の語句は関連語・対義語として収録されています．斜字体のページでは，「コーパス道場」としてその語を特集しています．

E

F

277

S

T

Y

Z

熟 語

287

索 引

フェイバリット
英単語・熟語〈テーマ別〉
コーパス1800 3rd Edition

発行日	2010年2月1日　初版発行
	2020年2月1日　新訂第1版発行

監修	投野由紀夫（東京外国語大学）
表紙・本文デザイン	株式会社ファクトリー701
イラスト	榊原ますみ／
	ちよ丸（株式会社ファクトリー
	701）／ハヤシナオユキ
編集協力	日本アイアール株式会社
	図書印刷株式会社
発行者	東京書籍株式会社　千石雅仁
	東京都北区堀船2-17-1　〒114-8524
印刷所	株式会社リーブルテック

支社・出張所電話（販売窓口）

札幌 011-562-5721	大阪 06-6397-1350
仙台 022-297-2666	広島 082-568-2577
東京 03-5390-7467	福岡 092-771-1536
金沢 076-222-7581	鹿児島 099-213-1770
名古屋 052-939-2722	那覇 098-834-8084

編集電話　03-5390-7516

ホームページ　https://www.tokyo-shoseki.co.jp
東書Eネット　https://ten.tokyo-shoseki.co.jp
落丁・乱丁本はおとりかえいたします。
ISBN978-4-487-37775-6 C7082
Copyright © 2020 by Tokyo Shoseki Co.,Ltd.,Tokyo
All rights reserved. Printed in Japan

不規則動詞変化表 2

原形	現在形	過去形	過去分詞	-ing 形
lose	lose(s)	lost	lost	losing
make	make(s)	made	made	making
mean	mean(s)	meant	meant	meaning
meet	meet(s)	met	met	meeting
put	put(s)	put	put	putting
read	read(s)	read [réd]	read [réd]	reading
ride	ride(s)	rode	ridden	riding
rise	rise(s)	rose	risen	rising
run	run(s)	ran	run	running
say	say(s)	said	said	saying
see	see(s)	saw	seen	seeing
sell	sell(s)	sold	sold	selling
send	send(s)	sent	sent	sending
shine	shine(s)	shone	shone	shining
show	show(s)	showed	shown	showing
sing	sing(s)	sang	sung	singing
sit	sit(s)	sat	sat	sitting